教育部人文社科青年基金项目"政府干预与市场竞争良性联动下金融支持贫困县域经济可持续发展研究"（项目编号：20YJC790033）

本书为北京哲学社会科学首都商贸发展研究基地、北京工商大学乡村振兴研究院的研究成果

金融支持县域经济发展研究

——基于政府与市场联动视角

郭　娜◎著

RESEARCH ON FINANCIAL SUPPORT TO
COUNTY ECONOMIC DEVELOPMENT- BASED ON THE PERSPECTIVE OF
LINKAGE BETWEEN GOVERNMENT AND MARKET

经济管理出版社
ECONOMY & MANAGEMENT PUBLISHING HOUSE

图书在版编目（CIP）数据

金融支持县域经济发展研究：基于政府与市场联动视角/郭娜著 . —北京：经济管理出版社，2024.4
ISBN 978-7-5096-9281-3

I.①金… Ⅱ.①郭… Ⅲ.①县级经济—区域经济发展—金融支持—研究—中国 Ⅳ.①F127

中国国家版本馆 CIP 数据核字（2023）第 180596 号

组稿编辑：曹　靖
责任编辑：杜　菲
责任印制：黄章平
责任校对：陈　颖

出版发行：经济管理出版社
　　　　　（北京市海淀区北蜂窝 8 号中雅大厦 A 座 11 层　　100038）
网　　　址：www.E-mp.com.cn
电　　　话：(010) 51915602
印　　　刷：唐山玺诚印务有限公司
经　　　销：新华书店
开　　　本：720mm×1000mm/16
印　　　张：13.5
字　　　数：235 千字
版　　　次：2024 年 4 月第 1 版　　2024 年 4 月第 1 次印刷
书　　　号：ISBN 978-7-5096-9281-3
定　　　价：88.00 元

前　言

金融是国民经济的"血脉"，国家高度重视金融在经济发展中的作用。2023年中央金融工作会议上强调要"坚定不移走中国特色金融发展之路，推动我国金融高质量发展，为以中国式现代化全面推进强国建设、民族复兴伟业提供有力支撑"。自秦朝开始，我国开始实施郡县制。县域是最具中国特色的行政单元，也是区域经济的最小单元，发挥好金融推动县域经济发展的主力军作用，是中国特色金融发展的必经之路。

县域金融是以县级行政区为范围开展金融活动的总称。县域金融有三个特征：第一，县域金融相对独立，当地法人金融机构发挥了重要的作用；第二，县域金融以县域经济为服务对象，重点在农业农村经济发展及县域城镇化、现代化和工业化；第三，县域金融以小微金融为主，企业和个人金融需求具有多样性、规模小、风险控制手段少等特点。当前，我国县域仍面临县域金融服务体系不健全、正规金融机构竞争力不足、县域金融产品创新难、风控难、县域金融人才匮乏等问题。理论与实践中一致认为，在县域金融发展的过程中，政府和市场的良性联动是化解上述问题的重要办法。然而，县域地方政府与市场竞争在金融支持经济发展中发挥着怎样的作用？县域地方政府与金融市场联动的机理是什么？从空间关联角度看，县域地方政府如何影响县域内外金融发展？如何协调县域地方政府间的影响关系，从而更好地促进金融支持地区经济发展？在特定地区，县域地方政府与金融市场良性联动的效果以及实践经验有哪些？对上述问题的回答有助于提高县域政府金融政策的科学性、促进县域金融高质量发展和实现共同富裕，是迫切需要深入理论探讨和实证检验的重要课题。

本书共分为十章，逐层递进地研究县域政府对金融体系的影响及县域金融支持经济发展的效果。同时，在附录中总结并分析了叶县"保险+期货"支持县域经济发展、丽水"信用+金融"、山东农村产权交易中心支持经济发展、武隆区扶贫小额信贷风险补偿机制以及长垣市智慧金融服务平台支持县域经济发展五个相关案例。

在理论方面：第四章基于政府与市场动态博弈关系，讨论了政府与市场联动视角下金融支持县域经济发展的演进规律及运行机理，包括政府支持金融市场竞争的模式、政府支持与市场竞争的动态演变以及相关国际经验。

在实证检验方面包括：第五章基于 2018~2019 年 2085 个县的短面板数据，运用固定效应和随机效应两种计量方法分别探究了政府支持对县域金融发展深度和广度的影响。其中，政府支持衡量办法采用两种方式：一种是借鉴已有文献中常用的一般公共预算支出与 GDP 比值来衡量；另一种是通过文本分析法建立县级政府支持政策数据库，采用县域地方政府金融政策数量来衡量。第六章在空间关联的视角下，选取 2016~2019 年全国 1914 个县（市、旗）的面板数据，通过地区和时间双向固定的空间杜宾模型实证检验了数字金融发展水平及其覆盖广度、使用深度、数字化程度三个维度对县域银行竞争的空间溢出效应，并进一步分析在政府支持下数字金融对县域银行竞争的空间影响，力图揭示数字金融、政府政策和县域银行竞争三者之间的关系。第七章在空间关联视角下，基于 2016~2020 年全国 1185 个被认定为革命老区的县（市、区）的面板数据，采用多元线性回归和空间杜宾模型分别检验了中央出台的振兴规划和革命老区县级地方政府财政政策对当地金融发展水平的影响效果。对革命老区的关注源于国家顶层设计充分考虑到革命老区的整体性及独立性，跨省设立五大重点革命老区，并出台关于五大重点革命老区发展的振兴规划，促进区域经济金融资源的流动与合作，强化了金融政策影响的空间溢出效应。第八章采用 2010~2020 年山东省 52 个县域的面板数据，通过多元线性回归模型和面板门槛回归模型，深入分析山东省县域政府政策支持下金融发展对共同富裕的差异性影响。第九章以金融机构、融资方及智慧金融服务平台等市场主体为研究对象，分析了县域建设智慧金融服务平台的可行性，并构建一次性非合作动态博弈模型，分析智慧金融服务平台改善信息不对称，推动金融发展，从而促进县域经济发展的重要作用。

在理论和实证分析的基础上，第十章总结了本书的主要结论：第一，从有为政府和有效市场的角度来看，县域金融有较强的市场化特征，同时又高度依赖政府政策的引导。从我国实践来看，县域金融市场发展水平和政府支持水平都存在不均衡的现象，且多数县域地区金融发展水平较低、县级政府对金融市场支持程度较小。从县域政府支持金融发展的模式上来看，县域政府出台政策文件会促进欠发达县域的金融发展，县域政府财政支持对于发达县域金融发展作用更大。第二，县域传统银行竞争水平、数字金融发展水平都存在显著的空间效应。将县域按特征进行细分后发现，革命老区、片区与非片区相邻县金融发展也存在空间效应。空间关联效应与县域地理空间位置、县域政府之间的竞合关系以及县域政府的行政隶属关系都有关。县域政府适当支持会增加数字金融对本县传统银行竞争的促进作用，对县域外传统银行竞争产生正向空间溢出效应。第三，县域金融发展与共同富裕之间存在显著的门限效应且与地方政府支持密切相关，适度的政府干预有利于金融的健康发展和共同富裕的实现。第四，以产业为依托，汇集县域经济金融要素资源的国有智慧金融服务平台可以提高融资效率，促进当地经济发展。

最后，本书建议中央持续加强地方金融的顶层制度设计，统筹县域金融市场制度建设；县域地方政府坚持"市场主导、政府引导"的方针，高度重视金融发展；抓住科学技术革命的新机遇，促进县域金融服务实体经济提质增效；构建良好的竞争机制，激发县域金融发展潜力；发挥国有科技平台带动产业发展的金融效用。

目　录

第一章 绪论

第一节 研究背景与意义

一、研究背景

自秦朝起，我国开始实施县制。郡县治则天下安。县域是具有中国特色的区域，是连接城乡的纽带，是城镇体系的重要组成部分。根据我国民政部《民政事业发展统计公报》，截至2021年底，全国共有县级行政区划单位2843个，其中，市辖区977个、县级市394个、县1301个、自治县117个、旗49个、自治旗3个、特区1个、林区1个。县域面积占全国国土面积的94%，县域GDP占全国GDP比重为62.6%，县域人口占中国人口的54.6%①。县域面积广、人口多，对我国整体发展作用重大。

金融是指资金的融通，在资源配置中发挥重要的作用，是经济发展的血脉，在县域经济发展中也至关重要。一方面，县域经济以小微企业和个人为主体，融资约束制约县域经济发展、技术创新等。县域金融可以为创新创业提供资金，促进县域产业发展。另一方面，县域金融机构为医疗、教育等公共事业发展提供支

---

① 资料来源：第七次全国人口普查和《中国县域统计年鉴》。

持和保障，是提高人民生活水平，实现共同富裕的要素之一。近些年，中央及各级地方政府都特别注重健全县域金融服务体系。

但我国县域金融发展仍面临诸多问题。一是县域金融服务体系不健全，银行业务以农村金融机构（包括农村商业银行、农村合作银行、农村信用社和新型农村金融机构）、中国农业银行、邮政储蓄银行为主，保险公司以寿险公司为主，证券、基金等其他金融机构严重缺失。2020 年末县域共计有各类型银行近 13 万家。以山东省为例，平均每个县有各类型银行约 76 家、保险机构约 46 家，但证券机构不足 1 家。二是正规金融机构竞争力不足。我国县域民间借贷历史悠久，加之前几年互联网金融公司大量下沉，导致非正规金融对正规金融有挤出效应。同时，农村金融机构进入市场较早，是县域金融的主力军，但因其承担了较大的金融拓荒成本、人员成本高、产品单一、数字化程度低等加剧了竞争力不足的问题。三是县域金融产品设计难、风险控制难。农村金融机构产品设计能力差，大型商业银行在县域的分支机构不具备产品设计的能力和权限，而总部自上而下的产品设计体系又不能充分考虑到各地的具体差异，因此适应欠发达地区区域性发展的金融产品少之又少。金融产品的一概而论导致金融机构区域风险控制难度大。加之县域信用体系不健全、担保公司规模小甚至没有担保公司的情况普遍存在，企业自身管理不规范、缺少抵质押物等一系列原因加剧了金融机构风险管理的难度。四是县域金融存在供给与需求不匹配现象。县域一般以第一产业为主，具有收益低、风险高的特点，与供给端金融机构稳健经营的商业目标不匹配；县域金融数据欠缺、局部知识性特征明显，银行信贷产品一般由总行统一开发，需要通过标准化的信息输入来确定金融产品和投放要求。金融供给与金融需求方的信息不对称加剧县域金融市场失灵。五是县域金融人才匮乏现象突出。人才是金融业的核心竞争力，然而金融机构具有聚集效应，大多集中在经济发达的地区，金融人才在北上广深等地区表现出"虹吸效应"。加之银行业的成本控制制度，县域金融机构里专业从业人员数量少。人才因素不仅成为制约县域金融机构发展的重要因素，同时因不懂金融运作的理论与规则，县域也在不同阶段出现了 PPP 违规操作、民间借贷市场混乱等各种金融乱象。如何解决这些问题？如何让金融更好地促进县域经济发展？理论与实践一致认为，在县域金融发展的过程中，政府和市场的良性联动是化解上述问题的重要办法。

实践中，县域政府健全当地金融服务体系的政策可分为积极进取型和地方保护型两类①。进取型政策致力于市场体系的完善。包括出资设立政府背景的担保公司、担保基金及助保金以提高政府增信水平；引进商业银行、证券及基金等金融机构，推进当地城市商业银行和农村商业银行改制，设立村镇银行和小额贷款公司等地方金融机构和地方金融组织；建立信用管理系统，加强信用体系建设，打击恶意逃废银行债务行为；引导金融机构创新服务模式，提高服务水平；推动承包经营权确权发证等产权制度的完善等。保护型政策重点关注县域竞争间的资源争夺，一般致力于避免本地金融资源的外流并吸引外地金融资源的流入。包括出台"金融机构支持地方经济发展考核奖励办法"，根据考核结果对金融机构进行税收减免、费用补贴，调动金融机构吸纳金融资源的积极性；出台"鼓励企业利用资本市场融资发展奖励办法"等政策文件，根据奖励办法对企业及金融机构团队提供人才补贴、现金奖励、个税减免等支持，鼓励企业有效利用资本市场做大做强。积极进取型和地方保护型政策在短期内往往都会促进金融业服务当地经济发展，但长期效果和对周围县域的影响不同。

理论研究发现，一方面，根据金融约束论和市场增进论，通过充分发挥有效的政府政策可以解决上述县域金融市场的诸多问题和市场失灵的现象，促进地方金融供给趋向帕累托最优（范学俊，2008）。另一方面，根据新制度经济学和麦金农的金融发展理论，在分税制实施后，相对欠发达县地方政府干预金融市场的主动性表现得越来越强（谢婷婷和郭艳芳，2016）。政府在金融发展中发挥重要的作用，金融市场对政府政策具有内生需求，通过政府与市场机制的融合，可提高金融发展水平。同时，学术界也有很多关于政府作用边界的讨论。金融抑制论认为过多的非市场化手段导致金融市场陷入低效状态，抑制了金融支持经济发展的效果（皮天雷和郝郎，2011）。同时，政府政策瞄准偏误等问题也引发了很多关注（刘祚祥和黄权国，2012；李富有和李新军，2014）。

已有文献和实践案例为本书的研究奠定了基础，但聚焦于县域政府与金融市场良性联动的具体情况仍有探讨的空间。县域地方政府与市场竞争在金融支持经

---

① 参考冯林等（2016）。

济发展中发挥着怎样的作用？县域地方政府与金融市场联动的机理是什么？从空间角度看，县域地方政府政策对县域内外有何种溢出效应？如何协调县域地方政府间的影响关系，从而更好地促进金融支持地区经济发展？在特定地区，县域地方政府与金融市场良性联动的效果和实践经验有哪些？本书的研究尝试回答以上问题。

二、研究目标

从我国县域实践来看，县域金融的发展需要政府与市场的共同作用。政府通过行政政策发挥政府职能，在一定程度上可以汇集更多的金融资源，发挥金融对区域经济发展的带动效应，促进金融业的蓬勃发展，更好地助力县域经济发展壮大。市场通过竞争完善金融产品结构、提升金融服务水平，引导金融资源流入有实际需求的领域。促进有效市场与有为政府更好地结合，发挥有效市场在资源配置中的决定性功能，同时更好地履行政府引导经济发展的职能，是坚持和完善中国特色社会主义基本经济制度的重要战略举措。

本书研究的理论目标是在政府与市场联动的视角下，探究金融支持县域经济发展的理论机理，并在不同情形下检验金融支持县域经济发展的成效。实践目标是揭示政府与市场在县域金融发展中的作用和效果，进而为优化县域金融政策、协调县域地方金融竞争关系提供政策借鉴。

三、研究意义

（一）理论意义

1. 拓展了金融支持县域经济发展的研究内容

国内外学者对金融与经济的关系进行了大量的研究，多数学者赞成"金融发展与经济增长存在相关关系"这一观点，或为正相关（Odedokum，1996；王子啸和马嘉钰，2019），或为负相关（Arcand et al.，2012；许桂红，2007）。也有少数学者在经过大量研究后认为金融发展与经济增长之间并无必然关联（Rioja等，2004；秦宛顺和钟行宁，2010）。厘清金融与经济二者关系，有助于充分发挥金融的正面作用，将对金融潜能的转化与释放以及经济的稳健增长起到显著的推动作用。

2. 从县域视角对政府与金融市场联动进行研究，深化了区域金融理论的研究层次

在影响经济可持续发展的诸多要素中，政府支持的影响不容忽视。改革开放以来，国家特别注重政府与市场的共同作用，政府通过出台各类优惠政策，扩大对外开放，建立经济特区、经济技术开发区，积极有效的政策支持推动了我国经济快速起飞。在金融方面，通过中央银行、商业银行、保险公司等的改革，以及金融系统的不断完善，逐步在宏观层面形成了市场主导、政府引导的金融体系。然而在实践层面，虽然地方政府对当地金融发展越来越重视，但在理论上以县域为视角的研究较少。本书基于公共经济学、发展经济学、区域金融学、金融地理学等理论，聚焦县域，通过构建 OLS、固定效应模型、空间杜宾模型、面板门槛模型，将政府与市场同时引入金融对经济可持续的影响研究中，具有一定的理论价值。

（二）现实意义

1. 为金融支持县域经济发展提供具有可操作性的方案

以县域经济发展为目标，以金融服务为抓手，分析金融体制机制改革、金融监管制度改革、配套金融环境建设等问题，从县域全局入手，通过顶层设计制订具有可操作性可持续发展的金融支持方案。

2. 为县域地方政府制定金融政策提供参考

不仅开展了关于政府与市场联动的理论探讨和数据检验，同时整理分析了实践中的成功案例，为县域地方政府进行金融相关的制度及政策设计、管理办法的优化提供参考依据。

3. 为金融机构的业务开展和产品设计提供依据及有益的指引

层层递进式地剖析了县域金融市场的基本情况，研究了政府对县域金融市场的影响作用、空间溢出效应，乃至金融支持共同富裕的作用机理，并差异化地研究了革命老区的情况、金融科技的应用等。金融机构可以参考上述理论研究的内容，针对县域地区设计金融产品，亦可根据县域政府的相关政策、当地金融市场发展情况评估当地金融环境，从而布局相关地区的金融业务。

第二节 概念的界定

一、县

在我国，县制有 2000 年多年的历史。县制萌芽于西周，秦始皇统一中国时正式确立郡县制，在全国范围内设立 36 郡，1000 余县。在历史的演变中，尽管经历了朝代更迭、社会政治经济制度变迁等，但县域一直是我国政治经济体系中的基本单元，并延续至今。中华人民共和国成立以来，经历了现代化的行政区划探索，为国家经济、政治、文化各方面的科学管理与稳步发展提供了有力的行政依托。根据《中华人民共和国宪法》第三十条的规定，我国实行三级行政区划，全国分为省、自治区、直辖市；省、自治区分为自治州、县、自治县、市；县、自治县分为乡、民族乡、镇。直辖市和较大的市分为区、县。自治州分为县、自治县、市。本书所指的县为第三级行政区，共有 8 种，包括县、市辖区、市（县级）、自治县、旗、自治旗、林区、特区。根据国家统计局《中国统计年鉴》，截至 2021 年底，我国共有县级区划 2850 个（见图 1-1）。

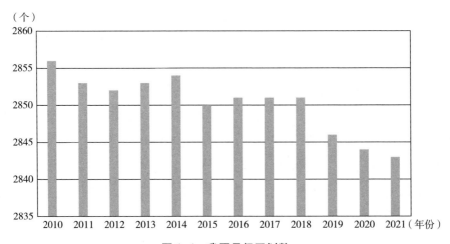

图 1-1 我国县级区划数

资料来源：国家统计局。

二、县域金融

县域金融是区域金融学中相对较新的概念。县域金融是以县级行政区划为范围开展金融活动的总称。县域金融既包括城镇金融也包括农村金融，一般以农村金融为主。县域金融有三个特征：一是相对独立性，当地法人金融机构发挥了重要的作用；二是以县域经济为服务对象，重点在农业农村经济发展及县域城镇化、现代化和工业化；三是以小微金融为主，企业和个人金融需求具有多样性、规模小、风险缓释手段少等特点。

从参与者角度来看，县域金融的参与者包括金融机构、政府部门和企业及居民。金融机构角度既包含全国性金融机构的分支机构，也包含地方法人金融机构（农村商业银行、农村合作银行、信用社、村镇银行等）。政府部门既有国家金融监管部门的派驻机构，也有县域地方政府成立的金融工作办公室、金融服务中心等部门。

广义的县域金融包括银行业、证券基金业、保险业、金融租赁等在县域内的全部业务。由于自然和历史的双重约束，县域金融依然处于比较薄弱的阶段，普遍以商业银行为主要的金融供给方，存在县域金融市场不健全的问题。狭义的县域金融以银行业为主，既包括正规金融机构也包括非正规金融机构，是以正规金融机构为主导，以农村信用合作社等当地法人金融机构为核心，非正规金融为补充的金融体系。

三、地方政府

地方政府是指对某一地区进行统治和社会管理的机关。从不同的角度讲，地方政府的概念范围不同。从广义的角度来讲，地方政府包含立法、行政和司法机关，是覆盖当地权力机构的统称。从狭义的角度来看，地方政府仅包含地方行政机构，即专指各地的各级人民政府。根据 2022 年 3 月修订的《中华人民共和国地方各级人民代表大会和地方各级人民政府组织法》，省、自治区、直辖市、自治州、县、自治县、市、市辖区、乡、民族乡、镇设立人民政府属于地方各级人民政府。本书中所提及的县域地方政府指县域人民政府。

公共经济学理论认为，政府支持是指政府履行其在经济上的宏观调控职能，通过财政收支以及相应政策对经济主体、市场运行和经济活动的组织及管理的制度从而调整社会资源配置、稳定市场的行为。政府通过自身收支活动获取财力、支持资源配置、弥补市场机制的缺陷，最终实现全社会资源的有效利用。张治栋和廖常文（2019）认为，政府支持是指政府通过政策引导资金、技术、人才、产业的集聚进而推动区域的经济发展。王仁祥等（2020）认为，政府支持是指政府通过财政支出进行战略引领和环境建设，提高区域资本集聚水平和促进金融业发展。政府层级越高，其可以获得的信息越多，决策力越大，从而支持能力越强（李伟军，2011）。关于政府支持与地方发展的学术研究较多。理论和实践均表明，政府实施合理政策可以稳定经济、推动经济高速发展；当政府政策不合理时，会降低经济运行效率、放缓经济增速，使经济远远低于市场经济条件下的运行效率和增长速度，导致诱发经济危机。

第三节　研究方法

一、文献研究法

首先，通过阅读大量国内外经典学术著作、课题相关的核心文献以及核心政策文件等，在政府与市场联动的视角下，学习并了解金融发展与经济增长的定义与测度，包括但不限于内涵与定义、现状、发展趋势以及演进规律。同时学习并了解金融发展作用于经济增长的渠道与机制。其次，对国内外的文献进行梳理总结，找到支持本研究的文献并加以利用，选取适合本书的模型与指标。

二、定性研究与定量分析相结合法

通过县域金融相关数据趋势的分析，总结归纳县域金融市场的现状特征以及县域政府支持金融市场的主要方式和效果。并通过定性研究深入分析金融与经济的内在联系机制，梳理政府支持县域金融发展作用于经济增长可能的路径与机理。

三、历史研究法

为了梳理县域政府政策、金融市场竞争、金融发展、经济发展的历史变迁，本书通过搜寻相关政策和重要事件，分析并梳理出政府与市场联动下金融发展对经济影响的变迁思路。

四、实证研究法

通过描述统计法、普通最小二乘法、空间计量法、门槛回归模型等多种实证研究的方法，开展定量分析。

（一）描述统计法

通过描述性统计分析对调查总体所有变量的有关数据做统计性描述，主要对数据的频数、最大值、最小值、平均值、标准差、中位数等进行统计分析。当数据集中出现极大值或极小值时，所得到的平均值结果将会出现较大的偏差。描述统计分析可以将数据反映的相关现实特征较为直观地呈现出来。

（二）普通最小二乘法

普通最小二乘法的核心思想是通过最小化残差平方和进行估计。本书第五章、第八章在不考虑空间关联的基础上，均通过普通最小二乘法确定被解释变量与核心解释变量的相关关系，继而根据研究目标选取更适宜的实证研究方法。

（三）空间计量法

空间经济计量模型主要解决回归模型中复杂的空间相互作用与空间依存性结构问题（Anselin，1988）。普通最小二乘法（OLS）忽视空间效应，使得在实际应用中该模型存在设定偏差，进而导致经济学研究得出的各种结果和推论不完整、不科学，缺乏应有的解释力（吴玉鸣，2007）。空间计量经济学理论认为一个地区空间单元上的某种经济地理现象或某一属性值与邻近地区空间单元上同一现象或属性值是相关的。几乎所有的空间数据都具有空间依赖性或空间自相关性的特征，空间依赖的存在打破了大多数经典统计和计量分析中相互独立的基本假设，即各区域之间的数据存在与时间序列相关、相对应的空间相关

（任英华等，2010）。本书第六章和第七章根据空间计量经济学方法原理，采用空间统计分析 Moran 指数法检验因变量是否存在空间自相关性，如果存在空间自相关性，则以空间计量经济学理论方法为基础，建立空间计量经济模型，进行空间计量估计和检验。

（四）门槛回归模型

门槛效应是指当一个经济参数达到特定的数值后，引起另外一个经济参数的发展形式发生突然转变的现象。换言之，被解释变量与核心解释变量之间的关系存在拐点，其关系以分段函数形式出现，即在计量分析中，X 和 Y 之间不只存在线性关系。Hansen（1999）首次介绍了具有个体效应的面板门槛模型的计量分析方法，该方法以残差平方和最小化为条件确定门槛值，并检验门槛值的显著性，克服了主观设定结构突变点的偏误。如果样本数量有限，那么可以使用自举法（Bootstrap）重复抽取样本，提高门槛模型显著性检验效率。本书第八章以 Hansen（1999）的方法所示，选定某一变量作为门槛变量，根据搜寻到的门槛值将回归模型区分为多个区间，每个区间的回归方程表达不同，比较不同区间系数的变化。

（五）博弈论分析法

博弈论是现代数学及运筹学的一个重要分支。约翰·福布斯·纳什在 1951 年发表的论文《非合作博弈》中给出了纳什均衡和均衡存在定理。非合作博弈中每一个参与主体都是独立行动的，强调参与主体的自主决策，适合本书的研究。本书第九章通过构建一次性非合作动态博弈模型分析政府主导成立的智慧金融服务平台改善县域金融市场的具体情况。

五、案例分析法

案例分析法起源于哈佛商学院，是通过实地调查、访谈或文献资料查阅等方式收集整理案例材料，并结合理论对案例材料进行充分分析的方法。本书附录通过 5 个实践案例的具体分析，阐述政府与市场联动视角下，如何解决县域金融发展的瓶颈，从而推动当地经济发展。

六、归纳总结法

归纳总结法是指通过对众多信息和实例进行观察与综合，从中发现和提炼一般规律和要点的分析推理方法。本书根据调研资料及实证分析结果，归纳研究结论，既为县域地方政府制定金融政策提供参考，也为金融机构的业务开展和产品设计提供依据，促进金融支持经济增长。

第四节　内容和逻辑结构

一、内容结构

本书通过实地调查、访谈、文献查阅、计量实证等分析方法，在政府与市场联动的视角下，深入了解金融支持县域经济发展的现状、特征和问题，并提出解决方案和政策建言。本书包括十章和附录。

第一章是绪论。主要介绍研究的背景、研究的目标和意义、研究方法、研究内容和逻辑结构以及对核心概念的界定。

第二章是文献综述。以层层递进的方式将学术研究进行了整理与归纳。

第三章是现状分析。首先梳理了县域金融市场的基本情况，并归纳总结了现实特征；接着剖析了县域政府支持金融市场的动因和现实中的具体做法；在此基础上，分析了县域政府支持金融市场发展存在的问题。

第四章是演进规律与理论分析。从政府支持金融市场竞争的机理、政府支持与市场竞争的动态演变、政府支持与市场竞争联动下县域金融对经济发展的效用三个方面进行了理论分析。

第五章是政府支持对县域金融市场发展的影响研究。以全国2085个县级地区为例，通过2018年和2019年共计4161组数据实证研究政府对县域金融市场发展的影响。

第六章是政府与市场联动视角下县域金融市场竞争的空间溢出效应。基于

2016~2019 年全国 1914 个县的面板数据，通过构建空间杜宾模型从空间关联视角实证检验了数字金融发展对县域传统银行竞争的影响。

第七章是政府与市场联动视角下革命老区县域金融市场的空间溢出效应。基于 2016~2020 年全国 1185 个革命老区县（市、区）的数据，通过空间杜宾模型探究中央出台的振兴规划与当地政府财政政策对革命老区金融发展的空间溢出效应的影响。

第八章是政府与市场联动视角下县域金融市场发展促进共同富裕的研究。基于 2010~2020 年山东省 52 个县域的面板数据，运用比重法和文本分析法构建包括政府财政政策及政府政策意愿在内的两类政府政策指标，利用多元线性回归模型和门槛效应模型实证检验政府支持下金融发展对共同富裕的异质性影响。

第九章是政府与市场联动视角下金融科技赋能县域金融市场发展的新思路。构建了一次性非合作动态博弈模型，分析了政府主导成立的智慧金融科技服务平台改善相对欠发达县金融市场的具体情况。

第十章是主要结论与政策建议，对前文所得结论进行归纳总结，基于相关结论提出相应建议。

附录的典型案例中，总结归纳了本书研究过程中关注的实践案例，希望引发读者理论与实际结合的思考，同时对政府与市场联动促进金融支持县域经济发展实践操作有所启发。

二、逻辑结构

笔者自 2015 年起在全国 30 余县域进行充分的实地调查，积累了大量的实践案例、政策材料和相关数据；并对区域金融和发展经济学的理论进行了深入的学习，对县域金融市场、县域经济、县域政府等相关文献进行了收集整理，建立了扎实的理论基础；同时手动整理了大量县域政策、经济和金融数据的一手数据，构建了研究数据基础。在此基础上，层层递进式对金融支持县域经济发展的若干问题进行定量检验。最后在理论与实证检验的基础上概括全书研究结论，并提出政府与市场联动视角下金融支持县域经济发展的政策建议。本书的技术路线如图 1-2 所示。

研究结构　　　　　　　　研究内容　　　　　　　　研究方法

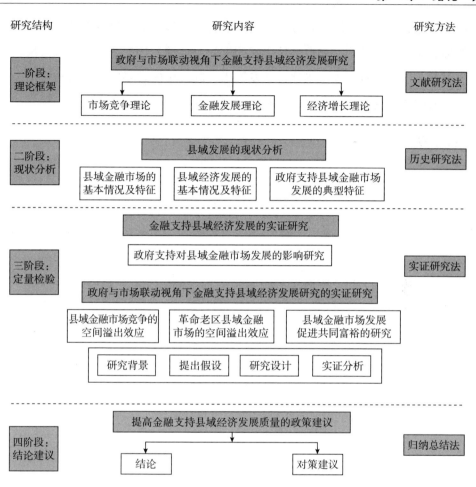

图 1-2　本书技术路线

第五节　研究创新

一、研究视角创新

从县域政府与市场联动的视角，充分探讨金融如何支持县域经济发展。在研究中充分考虑了县域金融市场发展中的现实特点，包括县域政府支持当地金融发展的必要性和具体措施、邻近县域之间的空间关联性、科学技术在县域金融市场中应用等，分析了政府支持当地金融发展中实际产生的效果。基于县域政府与市场联动的视角有助于得出不同于已有文献的研究结论。

二、研究对象创新

本书的研究对象为县域金融。县域金融的概念较为综合，既包括城镇金融也包括农村金融，同时随着县域经济的发展，对县域金融的需求从小而散逐步向农业产业化、城镇化等大的需求动态过度。目前研究中大多相关研究聚焦于农村金融或普惠金融，针对县域金融市场特征的研究较少。本书以县域金融市场为主要研究对象，对优化县域金融政策、优化县域金融市场布局、优化县域金融产品都是有益的探索。

三、研究方法创新

考虑到县域经济的联动性和金融资源的流动性，从地理空间关联性角度切入，采用空间数据分析法和空间计量模型，重点考察在政府与市场联动视角下金融作用于经济增长的渠道和影响因素。

结合政府支持经济金融发展的理论，采用面板门槛模型探究政府支持金融发展对共同富裕的影响是否具有拐点，为政府制定更适宜的政策提供数据支撑与借鉴。

四、研究数据创新

县域数据获取是一大难题。一是全国有 2000 多个县，相关经济金融数据质量良莠不齐、缺失严重且零散存储到各个单位，为数据搜集带来困难。二是几乎没有县域政府支持政策的梳理。本书结合实践调研的经验积累，通过中国县域统计年鉴、政府工作报告、中国人民银行、银保监会和证监会、统计局等多个途径，去伪存真，收集整理全国县域面板数据进行研究分析，为县相关数据提供补充。

第二章　文献综述

县域金融是区域金融学中的概念，具有明显的中国特色。县域金融包含城镇金融和农村金融，以发展农村金融为主，在支持县域经济发展方面发挥着不可或缺的作用。本章从县域金融市场、政府行为等方面对已有文献进行回顾。

第一节　县域金融的研究

一、县域传统金融供需情况

县域金融市场主要是指由县域不同类型金融机构组成的资金借贷市场。周春喜（2007）认为县域金融是一个包括商业性、政策性、合作性金融机构在内，以农村信用合作社（包括农村商业银行和农村合作银行）为核心，以新型的贷款机构以及担保公司等非正规金融为补充的金融体系。游江和范梁（2010）指出我国县域金融市场形成了正规金融机构、非正规民间金融组织与外资银行的三方竞争势力。董晓林和徐虹（2012）以县域金融机构的网点分布情况作为农村金融排斥状况的代理变量，从金融供给方视角分析影响我国农村金融排斥的因素。研究发现，人口规模小、社会消费品零售总额小、金融基础设施状况差的县域更易受到金融排斥。程惠霞（2014）认为未退出"三农"领域的金融机构吸收农村存款，压缩农业贷款，将资金贷给非农企业，导致农村地区资金外流，农业资金向其他行业转移。杨军和高鸿斋（2015）认为由于小额贷款公司、民营银行、村镇银行等新型金融机构的准入门槛高，限制条件多且审批复杂，金融管制使金融机构不可避免地呈现抑制性。李存和祝国平（2019）发现县域金融市场供给侧与需求侧都存在金融抑制。随着科学技术的发展，县域数字普惠金融得到了迅猛发展，学者们也关注到了县域金融供给的新机遇，并展开了丰富的研究。张晖（2020）基于北大数字普惠金融数据库和江苏省县域普惠金融发展数据库，构建了县域数字金融发展评价体系，发现江苏省内部县域数字金融发展水平存在明显的区域差异。张天和刘自强（2021）基于2014~2018年中国县域数字普惠金融发展指数，考察中国农村地区数字普惠金融的发展差异及其趋势，研究发现，县域数字普惠金融存在东部强、西部弱，南方强、北方弱的态势；在影响因素方面，在传统金融和经济发展水平较高、人口密度较大的农村地区有利于数字普惠金融发展。从需求角度而言，县域金融的需求方既包括企业也包括居民。张红宇（2004）认为县域金融需求总量巨大，但农户平均经营规模微小，单个农户对资金的需求有限，且有着多层次、多元化的不同需求，满足不同对象的不同愿望异常困难。

因县域金融以农村金融为主，对农村金融供需的研究也会对县域金融产生有益启示。何广文（2001）具体分析了农村金融供给和需求两大方面，针对农村金融问题展开了相关的研究，并发现我国当前的农村金融服务供给与农村金融需求有很大的不均衡状况存在，认为我国农村金融服务的供给严重滞后于农村金融需求。农户和农村企业是农村金融需求主体，但其经济活动内容和规模不同，需求也表现出多层次性的特征，不同的需求需要不同的金融组织和不同形式的金融供给来满足，因此提出要构建需求导向型农村金融组织结构体系，以均衡农村金融商品的供求。丁武民（2010）对农村发展过程中的金融支持进行了研究，分析了农村金融市场供求状况及其供求不平衡的原因，并设计农村金融供给主体的体系，提出构建普惠型农村金融支持体系支持农村发展。李万超（2014）通过对我国农村金融资金配置效率的测度研究，提出农村金融供求结构的协调对提高我国农村金融市场效率至关重要。

谢平（2001）认为我国农村金融抑制属于供给型金融抑制，"供给会自行创造需求"的萨伊定律在农村金融中会发挥作用。何广文（2004）分析了转轨时期的中国农村经济金融特征以及农村金融结构无法满足农村金融需求的特点，认为我国农村金融深化程度较低、农村正规金融供给不足、县域农村信贷紧缩资金不足，需要改进农村金融结构。成思危（2005）认为农村经济发展致使农村金融的需求发生了较大的变化，但农村金融的供给却相对不足且日益商业化，致使农户主要依靠民间借贷来满足金融需求。张杰和尚长风（2006）研究发现农村现存的一些非正规金融机构在满足农村现有资金需求中做出了较大的贡献，填补了金融供给的不足。冯兴元等（2018）认为农村金融服务供给的多元化仍然有限，无法满足现阶段多元化金融服务需求。在传统的金融服务机制下，我国涉农资金存在很多问题，如渠道多、项目杂、投入散、管理乱。由于暗箱操作的存在和管理制度的不完善，导致项目管理程序不透明、监管不到位，这严重影响了涉农资金供需双方的使用效益和效果。因此探索建立涉农资金统筹整合长效机制，推进农业供给侧结构性改革十分必要（吴肇光等，2018）。

高帆（2002）从金融需求的角度分析我国农村金融的供需均衡问题，研究认为农户对资金的有效需求不足必然形成并加剧农村中的金融抑制，必须采取有效措施从刺激金融需求的角度推进我国农村金融发展。马晓河和蓝海涛（2003）认为农户融资需求不足与农村商品化程度低、农户自给自足消费高、货币化程度低有关，因此需求不足是农户对资金交易性需求较低的主要原因，它是政策压抑的结果，其根源在于制度供给短缺。何广文和刘甜（2018）认为由于农村金融服务需求不同于传统金融服务需求，所以在构建乡村金融服务机制时，不仅要从供给侧创新乡村振兴金融服务，还需要促进需求侧的创新。赵万里和高芙蓉（2019）认为金融服务机制应精准匹配需求侧的结构，激发需求侧主体的内生动力，立足银行实际，适应本地需求，整合社会资源，鼓励多方力量，推动创新构建金融服务机制。

二、县域金融市场竞争

县域金融包括城镇金融与农村金融。黄惠春等（2010）认为城市金融机构对农村金融机构有较强的抑制效果，在现有竞争格局下，城市金融机构与农村金融机构之间的竞争对双方都起到了一定程度的抑制作用，但城市金融机构对农村金融机构的抑制效果较强。传统国有大型农村金融机构在与非国有中小型农村金机构的竞争中处于优势地位，但其对非国有中小型农村金融机构的抑制效果较弱；而非国有中小型农村金融机构虽然在两类农村金融机构之间的竞争中处于劣势地位，但其存在对传统国有大型农村金融机构发展的抑制效果较强。周顺兴和林乐芬（2015）指出金融市场竞争就是各类金融机构在行业内的数量、规模大小与市场份额之间的关系，并基于此关系形成的垄断、竞争格局。金融市场银行业竞争的表现形式是多样的，如利率可视为银行之间的价格竞争、存贷款份额为银行间的业务量竞争。温涛等（2015）认为商业性金融机构、合作性金融、政策性金融、互联网金融及其他类金融机构纷纷进入县域，县域金融市场的竞争态势已初步形成，市场竞争水平会限制农村金融机构对象选择权，降低市场准入限制明显提升了农村金融市场的竞争度。周顺兴（2016）利用 2008~2013 年江苏省村镇银行的数据，研究了银行业竞争对村镇银行普惠金融绩效的影响，发现银行业竞争程度的提升既提高了村镇银行的覆盖深度，又改善了村镇银行的经营行为，进而更好地促进了普惠金融发展。张正平和杨丹丹（2017）利用 2010~2014 年除港澳台地区外的全国 31 个省（区、市）的数据分析了新型农村金融机构设立以及农村金融银行业市场竞争程度的影响，在经济水平发展较为落后的中西部地区，增加新型农村金融机构的数量有助于普惠金融的发展，且当地金融市场竞争性越强，这一效应越明显。王雪和何广文（2019）通过双向固定效应模型和工具变量法检验了 2010~2017 年 1927 个县（市、旗）银行网点分布对深化普惠金融服务的影响，发现非贫困县的银行网点数远多于贫困县，银行业竞争可以有效促进非贫困县普惠金融服务的深化。

随着数字金融的发展，学者也关注数字金融对传统金融竞争的影响。丁志国等（2012）以及张正平和江千舟（2018）认为市场竞争有利于打破垄断，提高金融服务县域经济的能力，互联网金融的发展水平越高，农村金融机构的财务绩效越差，而市场竞争水平的上升将弱化互联网金融发展水平对机构财务绩效的影响；互联网金融的发展水平越高，农村金融机构的社会绩效越差。而市场竞争水平的上升将会强化互联网金融发展水平对机构社会绩效的影响。数字金融可以利用其先进的信息技术冲破金融市场的信息壁垒，削弱传统金融对物理网点的依赖，具有打破空间地理限制和低成本的优势，可以补充传统金融服务的不足（郭峰等，2020），提升传统银行的财务绩效和成长空间（李建军和姜世超，2021），推动商业银行进行战略转型，提高经营效率（杨望等，2020；张正平和刘云华，2022）。传统银行改变了经营方式、加大了金融风险（郭品和沈悦，2015；Allen and Mehran，2011），这些变化会进一步影响县域传统银行市场的竞争格局。同时，也有学者认为数字金融的发展虽然让传统银行打开了数字化转型的大门，但是不同类型的银行对信息技术的掌握程度不同。相比于中小型银行，大型银行综合实力雄厚，更有能力发展信息技术，对信息技术形成一定程度的垄断，不利于传统银行竞争（Hauswald and Marquez，2003），已有学者发现数字金融发展加强了国有银行的价格垄断程度，非国有银行间市场竞争加剧（袁鲲和曾德涛，2021）。Dapp 和 Slomka（2015）认为传统银行与互联网企业建立战略联盟，不仅可以帮助银行在数字化金融服务领域中提高市场占有率，减少潜在竞争对手，降低银行竞争程度，而且减少了金融科技的冲击。金洪飞等（2020）指出中小银行虽然在向当地小微企业发放贷款方面拥有软信息优势，但数字金融具有缓解信息不对称的功能，可以帮助大型银行获取更多客户信息，抢占中小型银行优质客户，降低中小型银行竞争力，抑制传统银行竞争。县域金融市场以中小型银行为主，数字金融的发展会影响当地金融格局。

三、县域金融的空间效应

根据地理学第一定律（Tobler，1970），所有事物之间都存在关联性，空间经济学认为各地普遍存在经济金融方面的联系。在县域金融空间效应的研究中，冯林等（2016）很有代表性。冯林等（2016）选取山东省 90 个县 2004~2012 年的县域数据，利用空间计量模型对县域金融集聚影响因素进行实证分析，发现县域金融集聚水平存在显著的空间关联效应，主要表现为"高—高"和"低—低"特点，即相邻地区金融发展水平的提高会促进本县的金融发展，而相邻地区金融发展水平的减缓也会导致本县金融发展的落后，同时由于县域政府之间存在竞争，为了降低成本以及吸引更多的金融资源，政府经常采用"掠夺性政策"干预金融市场，有利于本县金融发展，对县域外金融市场发展产生抑制作用。周腰华等（2017）通过对中国 2003~2012 年 1902 个县域的经济增长从空间相关性角度进行检验和分析，发现中国县域经济增长存在显著的空间相关关系。空间杜宾模型分析表明，城镇化对县域经济增长的区域内溢出效应明显，对经济增长的区域间溢出效应为负；产业结构升级对经济增长具有显著的促进作用，而金融深化程度和政府规模与经济增长负相关。化祥雨等（2016）以江苏省县域为研究对象，通过空间计量技术探讨金融空间联系与经济增长关系，结果表明，江苏省县域金融空间联系网络结构分布格局变化显著，金融势能存在显著的空间自相关性，金融势能空间集聚现象变化显著，呈现出区域集聚态势；江苏省县域经济增长存在显著的空间溢出效应，金融空间联系与经济增长呈显著的正相关关系，不仅可以通过直接效应促进本县经济增长，还可以通过间接效应和总效应空间溢出促进其他县域和全省经济增长。肖攀等（2018）基于武陵山区66个县域的面板数据，实证研究了政府干预对连片特困地区县域金融发展的空间效应及其特征，结果表明，连片特困地区县域金融发展存在显著的空间关联效应，政府干预对县域内外金融发展均存在正向空间溢出效应。张兵和翁辰（2015）通过对全国30个省份的相关数据进行实证发现，农村金融发展对当地的贫困减缓具有显著的空间溢出作用，并且短期和长期影响不同。从短期影响来看，农村地区金融发展水平对贫困减缓存在正向影响，即相邻农村地区金融发展水平提高会在一定程度上促进本地区的贫困减缓，但是从长期影响来看，相邻地区金融发展水平的提高则对本地区的贫困减缓起显著的抑制作用，这可能是相邻地区与本地区在金融资源方面的竞争所导致的。

四、县域金融对经济和居民收入的影响

杜军（2011）发现县域金融在以县城为中心的经济建设中发挥着十分重要的作用，在新农村建设中占有关键的地位，受到当地相关部门的高度重视。以县城为中心的县域经济在整个发展过程中，县域金融状况的好坏直接影响着县域经济的发展前景，关系到新农村建设的成败。孙健（2012）用山东省县域的面板数据作为样本，用HHI指数法分析和测算农村金融市场发展水平，实证分析了包括村镇银行、资金互助社、贷款公司等在内的新型农村金融机构的创新与农村经济增长的关系，研究发现，新型农村金融机构的创新能够优化农村金融市场的结构，增加金融市场的竞争性，这种竞争性的金融业结构对农村地区的经济增长具有促进作用。张启鹏（2013）认为可以通过重新构建适应贫困县域经济发展的商业银行经营管理体系、增强农村信用社综合实力，逐步发挥支持贫困县域经济发展的作用。黎怀敬等（2020）发现银行机构可以根据县域经济金融发展和客户实际需要合理布设金融机构网点，以此全面加快普惠金融基础建设步伐，如引导鼓励银行机构在乡村布放 POS 机、自动柜员机等各类自助机器，引导银行机构、非银行支付机构提供安全、可靠的网上支付、手机支付等自助式服务。

Greenwood 和 Jovanovic（1990）构建了一个动态模型来探究收入分配、金融发展及经济增长间的互动联系，结论为收入差距与金融发展服从倒 U 形关系。通过简化和改进 G-J 模型，Townsend 和 Ueda（2003）在动态模型下讨论了金融深化的收入分配效应及其变动情况，得到了类似的结论。乔海曙和陈力（2009）认为从中国的县域金融层面来看，随着金融深度的加大，城乡居民收入差距逐步扩大，当金融深度达到一定程度时，城乡居民收入差距基本上不随深度变化而变化，而后，城乡居民收入差距会随之减小。这表明中国区域金融深化水平和收入不平等之间呈现倒 U 形关系，中国金融发展的整体水平还比较低，绝大部分县域处于金融集聚阶段，城乡居民收入差距将继续扩大。刘亦文和胡宗义（2010）采用 2007 年中国县级截面数据，运用非参数检验方法研究金融发展对城乡收入差距的影响，研究表明在金融发展的初期阶段，金融深度与城乡收入差距呈正相关关系，即金融深度较深的地区，城乡收入差距反而更大；在金融发展的中阶段，金融深度与城乡收入差距的相关关系不显著，即金融深度水平对城乡收入差距程度不会造成明显的影响；在金融发展的高级阶段，两者表现出负相关关系，即随着金融深度的加深，城乡收入差距逐渐缩小。王小华等（2014）基于中国 30 个省 2037 个县的县域截面数据，运用分位数回归方法进行分析，发现中国县域农村地区内部同样存在明显的金融抑制现象，并且收入越低的农民因为自身资本积累的天然不足和外源资本获取能力较差，使其所受到的金融抑制程度越大而越难以摆脱其收入增长困境。朱一鸣和王伟（2017）采用两阶段最小二乘和工具变量分位数回归方法，利用全国 2018 个县域的数据进行研究，发现农村普惠金融有利于农村居民增收，对欠发达县农村居民的减贫增收作用要明显小于普通县。另外有学者证明，通过金融创新（Majid et al.，2019）、完善金融结构（谢金楼，2016）、提高银行贷款水平（Sun et al.，2020）可以缩小贫富收入差距。

第二节　县域政府金融政策的研究

政府推动是县域金融市场发展的重要因素。早在 20 世纪 70 年代，政府对金融市场的影响作用就已经成为众多学者研究的热门话题。目前，我国处于经济转型和巩固脱贫攻坚成果同乡村振兴有效衔接的关键时期，为了促进县域地区经济发展，地方政府不断改变对金融资源的争夺或共享方式。政府行为能否有效促进金融市场发展掀起研究热潮。

一、政府干预金融市场动因

一是金融对于经济增长具有促进作用。政府希望通过干预金融市场发展来促进金融资源的聚集，从而推动实体经济发展，最终达到地区经济增长的效果。经济增长与金融的各个方面之间存在正相关关系（Ekanayake and Ranjini，2021）。邹伟和凌江怀（2018）利用我国省级面板数据分析了政府干预、金融发展与经济增长的关系，发现地方政府干预金融市场发展对经济增长的效果与当地金融发展水平有关，且地方政府干预金融对经济增长的影响呈边际效率递减规律。汪雯羽和贝多广（2022）研究发现数字普惠金融能提高县域经济体的信贷可得性，有助于县域经济增长，其发展过程离不开政府的支持和引导。Fu（2020）认为政府的干预促进了企业的金融准入，从而为企业发展创造了条件。Rashid 和 Maurizio（2017）认为金融在发展经济减少绝对贫困方面发挥着重要作用。

二是政府之间的长期博弈形成的税制和地方政府竞争进一步激发了干预金融的积极性（谢婷婷和郭艳芳，2016；陈国福和唐炎钊，2022）。在分税制改革以后地方政府财政实力弱化，"财权上收"和"事权下放"难以匹配，地方政府承担了巨大的经济建设和公共服务支出，财政亏空，必须依靠金融控制权进行弥补（姚耀军和彭璐，2013）。此外，将 GDP 作为政府政绩考核的主要指标也是政府干预金融市场的一大动因。王俊和洪正（2016）发现，政府为了实现当地的经济利益最大化，通常会采取金融竞争的行为。王文莉等（2020）基于 2012～2016

年中国46家农村商业银行数据实证考察了政府干预对农村商业银行资金使用效率的影响，结果表明，政府持股比例对农村商业银行资金使用效率产生显著的正向影响，基于财政赤字压力的政府干预对农村商业银行资金使用效率产生显著的负向影响，而基于政绩诉求压力的政府干预对农村商业银行资金使用效率产生不显著的负向影响。

综合来看，无论是出于地方经济增长、官员晋升或者弥补当地财政亏空的目的，政府都会对当地的金融市场积极地进行干预。政府干预金融市场具有内生动力。

二、政府行为对金融市场发展影响的文献

虽然市场在资源配置中发挥着决定性作用，但政府作为市场调节者也会影响县域金融市场的发展。已有文献在政府行为对金融发展的影响方面并未形成统一结论。

部分研究发现政府行为对金融市场发展的影响有两面性。政府政策适度干预有助于矫正市场失灵（王仁祥等，2020），而政府政策过度干预则不利于金融发展（李胜旗和邓细林，2016）。郭峰（2015）指出金融机构的深入改革导致地方政府对国有大型金融机构的控制力下降，为了获得更多的金融资源，地方政府支持地方金融机构的设立和发展，打破国有大型商业银行垄断的局面，提升银行间竞争度。然而，地方政府过度干预当地金融机构，对部分银行实施保护政策，会削弱地方金融机构对银行效率的促进作用，不利于传统银行竞争。冯林等（2016）指出地方政府主要采用补贴奖励政策、搭建信息服务平台、建设信用体系等措施干预，吸引更多中小银行进入，推动县域金融市场发展。但由于县域政府之间存在竞争，为了吸引更多的金融资源，政府经常采用掠夺性政策干预金融市场，导致政府干预有利于本县金融发展，对县域外金融市场发展产生抑制作用。邹伟和凌江怀（2018）认为当地政府财政政策对金融市场的影响具有两面性，政府设置良好的监管体系有利于金融健康发展，而政府对信贷市场干预、限制融资渠道等过度干预方式会影响金融服务质量和稳定性，在金融市场发展水平较高时，当地政府财政政策不利于金融发挥经济增长作用。粟勤和孟娜娜（2019）研究发现，地方政府政策促进了银行业市场竞争，有效提高了金融包容

水平，而地方政府政策不利于法治建设，对金融包容性发展产生负面影响。政府干预降低了金融资源配置效率，抑制了金融发展刺激经济增长。

部分学者认为政府行为可以促进金融市场发展。Hellmann 等在 2000 年的研究和 Ndikumana 在 2005 年的研究中认为，发展中国家市场制度不完善，需要通过政府干预来减少信息不对称和弥补市场失灵，从而促进金融发展。针对我国金融市场的不均衡发展特点，诸多学者认为政府支持是推进金融市场改革的必要手段，金融市场对政府支持具有内生要求，政府支持可以有机融入市场机制中，通过聚集金融资源和金融组织而扩大金融规模、合理规范资本流动而推动金融资本的有效配置，进而促进了金融发展（钱颖一，1996；毛伟等，2013；孙国茂和范跃进，2013；马勇和陈雨露，2014；张杰和谢晓雪，2008；冯林等，2016）。陈超（2002）、殷本杰（2006）和谭正航（2016）认为政府支持符合我国的现实需要，可以有效解决县域金融抑制的问题，有助于弥补市场失灵，我国欠发达地区金融发展会在很长一段时间继续深受政策影响。姚耀军和彭璐（2013）研究发现政府通过为银行贷款提供担保、给予银行诱导性的物质奖励等方式支持金融市场，一方面可能会导致信贷资金财政化，另一方面会促进地方性金融机构的崛起，打破大型银行的垄断，促进银行间竞争。何志雄和曲如晓（2015）发现政府公共服务能够降低农村金融机构的交易成本、固定成本和经营风险，在吸引了金融机构在农村地区建立金融服务网络的同时，降低了贫困农户的金融"入门门槛"，促进普惠金融的形成，对抑制农村金融的发展起到了缓解作用。郭峰（2015）探讨了农村税费改革导致县市政府财政实力发生变化，并证明了我国地方政府对辖区金融市场的干预与地方政府财政自主性的下降存在关联，农村税费改革刺激了地方政府行为，有助于地区金融市场的扩张。王克强等（2018）认为政府对农村金融市场的政策支持能够显著提高农村金融市场的运行效率。范方志（2018）通过对政府监管与农村金融市场效率之间的格兰杰因果检验得出金融机构外部的监管有利于农村金融市场的发展，实施异化监管对提升农村金融效率具有显著成效，并且对促进农村金融组织发展具有积极影响。张国建等（2019）基于 2002~2016 年县级面板数据，采用双重差分法识别了扶贫改革试验区对地区经济发展的因果效应以及扶贫措施的有效性，研究发现，政策的实施显著促进了县域金融发展，更重要的是，政策通过相应精准扶贫的措施基本达到了既定目标，通过产业扶贫、金融扶贫、提高农村居民人均纯收入等渠道对当地经济绩效产生间接影响。汪雯羽和贝多广（2022）表明政府行为具有调节作用，在一定程度上可以纠正金融发展过程中出现的使命漂移和无序扩张，促进县域金融市场均衡发展，使长尾客户获得金融服务，从而促进县域经济增长。董艳等（2023）认为银行网点增速与政府财政支出占比有关，地方政府增加对当地公共事务和服务的投入，会激发当地经济发展潜力，吸引更多银行机构设立营业网点。程军国等（2023）指出政府干预不仅会影响当地传统金融的布局，还会在数字金融发展方面发挥重要作用，如县级政府、蚂蚁集团及银行共同推出的"智慧县域+普惠金融"工程，促进了县域数字金融的发展。姚耀军和施丹燕（2017）基于政府干预视角研究互联网金融区域差异化发展并指出，如果地方政府可以发掘互联网金融的潜在优势，积极支持和引导互联网金融发展，消除阻碍其发展的约束条件，推动"有为政府"和"有效市场"形成良性联动，则政府干预可以促进互联网金融在当地的发展。而汪雯羽和贝多广（2022）认为数字金融发展对传统银行仍有一定的依赖性，存在发展不平衡现象，政府通过方向引领、规范发展、创新试点等方式干预数字金融，可以促进数字金融均衡发展，但政府要掌握好干预的力度，过度干预会适得其反。

还有观点认为政府行为降低了金融机构的资源配置效率，不利于金融市场健康发展（张军，2016；张前程和龚刚，2016）。根据金融抑制论，过多的非市场化手段支持导致金融市场陷入"低效状态"，抑制金融体系发展（张璟和刘晓辉，2006；皮天雷和郝郎，2011），进而导致金融支持地方金融发展效果不显著。同时，政府支持常常会出现"瞄准偏误"等问题，也引发地方政府支持金融市场边界的讨论（李富有和李新军，2014；李江华和施文泼，2013）。刘文革等（2014）表示政府出于扶持国有经济、GDP竞争以及缓解财政压力等动机直接或间接支持金融市场，导致金融资源配置发生扭曲，不利于金融市场长期可持续发展。樊羚和韩廷春（2020）基于2001～2018年省级面板数据发现金融发展对实体经济以及资本积累和全要素生产率两个渠道都具有显著的促进作用，而金融发展与财政支出的交叉项对实体经济以及资本积累和全要素生产率两个渠道产生了显著的抑制作用，表明政府干预抑制了金融功能的有效发挥。在农村金融方面，部分学者也主张金融市场论，重视市场机制作用，排斥政府行为，提出采用市场化手段提高农村信贷回收率，保持县域金融的自我可持续性，认为对金融机构的保护和管制措施是没有必要的（王曙光，2015），县域金融市场不会一直依赖于政策导向，最终会走向完全市场化（陈宝胜和石淑花，2017）。

第三章　现状分析

第一节　县域金融市场的基本情况及特征

一、县域金融市场的基本情况

（一）县域金融市场的结构

县域是最具有中国特色的行政单位，也是区域经济的最小单元。从空间层面看，县域金融市场聚集在一个相对完整的地理单元，具有全面性和完整性（见图 3-1）。在金融机构方面，近年来，随着国家大力发展县级金融市场，县域已经实现银行全面覆盖。一般县里有大型国有商业银行、股份制银行、城市商业银行和政策性银行的支行、农村商业银行、农村合作银行、农村合作信用社、村镇银行等。县里一般也有业务开展较为全面的保险公司的支公司。发达县域有证券公司的营业部、期货公司等。同时，县域金融市场也有小额贷款公司、民间资本管理公司、担保公司等类金融机构，以及农村产权交易中心、民间融资贷款登记服务中心、金融服务中心等金融中介服务机构。在金融监管方面，在 2023 年 3月机构改革前，县域金融监管部门主要有两类，一类是中央直属的分支机构，如中国人民银行县级支行、银保监会县级派出机构；另一类是县级金融工作办公室。中共中央、国务院于 2023 年 3 月印发了《党和国家机构改革方案》。其中第八条不再保留中国银行保险监督管理委员会。第九条深化地方金融监管体制改革。建立以中央金融管理部门地方派出机构为主的地方金融监管体制，统筹优化中央金融管理部门地方派出机构设置和力量配备。地方政府设立的金融监管机构专司监管职责，不再加挂金融工作局、金融办公室等牌子。第十一条不再保留中国人民银行县（市）支行，相关职能上收至中国人民银行地（市）中心支行。县域金融的监管格局正在被重塑。

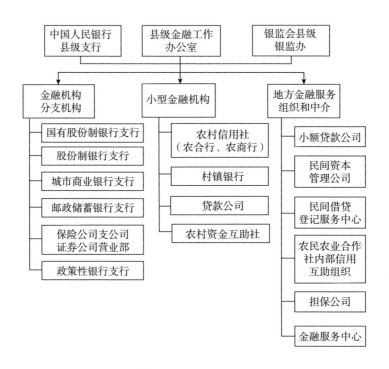

图 3-1　县域金融市场结构（2023 年《党和国家机构改革方案》实施前）

（二）县域金融供给的主体和服务模式

各种类型的金融机构都已经在县域内开设了大量的分支机构或营业网点，表3-1 展示了在县域有代表性的金融机构的基本情况。其中有两点值得注意：一是银行仍然为县域金融供给的主体。政策性银行为县域发展中的特定领域提供金融支持；邮政储蓄、农村信用合作社（或农商行、农合行）一般在县域的分支机构较多、分布较广；中国农业银行在县域提供的贷款较多，利息一般相对较低。二是在实践中农村金融与县域金融有一定的重合。农村金融被定义为"县及县以下金融机构与其金融交易活动"。县域范畴一般以农村为主,农村和小微金融是县域金融的重要组成部分,但县域金融的概念还包含大中型企业和城镇居民,较农村金融范围更广。

表 3-1 县域金融供给的主体

县域金融机构		主要业务定位	基本情况
政策性银行	国家开发银行	粮食和重要农产品稳产保供、农业农村基础设施、农业科技创新等重点领域中长期贷款;农村危旧房改造贷款、助学贷款、自然灾害贷款、生态环保绿色贷款等	截至 2022 年,持续加大"三农"金融支持力度,全年涉农贷款余额新增 2621 亿元;实现 160 个国家重点帮扶县和 5 个示范区乡村振兴融资规划全覆盖,培训地方干部、专业技术人才约 1.6 万人次
	中国农业发展银行	农作物贷款(农作物收购)、农业农村基础设施贷款、农业龙头企业贷款、农业产业发展基金、现代种业发展基金、财政补贴资金拨付等	截至 2022 年末,粮棉油贷款余额 17518 亿元,全年累计发放粮棉油贷款 7483 亿元,贷款投放额创 2015 年以来新高;累计发放中央事权粮棉油储备轮换调控贷款 2395 亿元,同比多放 226 亿元;支持粮棉油进口企业 35 家、发放贷款 946 亿元,同比增加 125 亿元,增幅为 15%,支持进口粮棉油 2303 万吨;支持用于大豆等油料作物收储及油脂加工企业 1103 家,累计发放贷款 1003.6 亿元
商业银行	中国农业银行	农户小额贷款、惠农e贷、农村个人生产经营贷款、季节性收购贷款等商业银行业务	截至 2022 年,县域贷款余额 7.3 万亿元,新增 1.11 万亿元;涉农贷款余额 5.53 万亿元,新增 7933 亿元;着力服务巩固 160 个国家乡村振兴重点帮扶县贷款增速超 18%,粮食重点领域、乡村产业、乡村建设贷款增速分别达 22.5%、22.4%、21.6%;在线化农户贷款"惠农e贷"余额 7477 亿元,增速为 37.3%;创新推出的"富民贷"一年时间投放 116 亿元,较好助力脱贫地区和革命老区农户增收致富
	邮储银行	极速贷、政贷通、商贷通、农贷通、特色产业贷、产业链经营贷款等商业银行业务	截至 2022 年末,涉农贷款结余 1.81 万亿元,涉农贷款服务客户超 440 万,新发放涉农贷款加权平均利率 5.03%,较上年末下降 36BPS。个人小额贷款结余 1.14 万亿元,较上年增加 2198.40 亿元,增速为 24.02%
	农村商业银行	商业银行业务	截至 2022 年第二季度末,涉农贷款余额达到 47.1 万亿元,同比增长 13.1%,增速较上年末高 2.2 个百分点,比同期本外币贷款平均增速高 0.5 个百分点

县域金融机构		主要业务定位	基本情况
商业银行	其他商业银行	商业银行业务	截至 2021 年末，涉农贷款余额 2.66 万亿元，脱贫地区贷款增加超 1000 亿元；建设银行涉农贷款余额 2.47 万亿元，较上年增加 3769.62 亿元，增幅 18.05%；光大银行涉农贷款余额 3901.6 亿元，比 2021 年初增加 132.94 亿元；交通银行涉农贷款余额 6544.61 亿元，较上年末增长 14.13%；中国银行涉农贷款余额 1.74 万亿元
其他	农村信用社	商业银行业务	截至 2020 年 4 月末，涉农贷款余额达到 37.05 万亿元，较年初增长 5.83%。其中，农业贷款余额 4.18 万亿元，较年初增长 6.18%；农村地区（县级及以下）贷款 30.48 万亿元，较年初增长 6.15%；农户贷款余额 10.83 万亿元，较年初增长 5.10%
	村镇银行	商业银行部分业务	截至 2022 年 6 月末，全国共有村镇银行 1648 家，中西部地区占比 66%，县域覆盖率 68%；资产总额 2.2 万亿元，负债总额 2 万亿元，贷款余额 1.4 万亿元，存款余额 1.8 万亿元。自 2007 年第一家村镇银行成立以来，全国村镇银行累计发放贷款 9.6 万亿元，90%投向农户和小微企业，户均贷款余额 28 万元
	保险公司	农业保险等保险业务	截至 2022 年末，农业保险保费规模实现全球第一，农业保险提供风险保障 4.15 万亿元，涉农贷款较年初增长 13.7%；全年脱贫地区农业保险保额 1.46 万亿元，同比增长 6%，支付赔款 204 亿元，同比增长 8.7%
	证券公司	保险＋期货等证券业务	截至 2021 年末，24 家脱贫地区企业首发上市，融资 172.61 亿元；9 家农牧业企业首发上市，融资 86.76 亿元；16 家农牧业企业完成再融资，融资 375.11 亿元。交易所债券市场累计发行扶贫公司债及资产支持证券 873 亿元，发行乡村振兴公司债 71 亿元；证券业协会和期货业协会接续推动行业结对帮扶，截至 2021 年末，共有 102 家证券公司结对帮扶 323 个脱贫县，其中共有 54 家证券公司结对帮扶 70 个国家乡村振兴重点帮扶县；119 家期货公司与 329 个脱贫县签署结对帮扶协议，其中共有 55 家期货公司结对帮扶 74 个国家乡村振兴重点帮扶县，期货行业 2021 年共投入帮扶资金 1.39 亿元

二、县域金融市场的特征

一般而言，县域金融市场是农村金融与城镇金融的集合。县域地区以农村金融市场为主，且往往暴露出农村金融市场发展中的深刻问题。同时，县域的金融市场具有典型的政府支持与市场联动的特征，亟待建设能充分满足当地金融需求、具有可持续性的市场体系。县域金融市场的典型特征表现为：

（一）县域金融市场发展需要政府支持

县域金融市场发展对于政策具有较强的依赖性，各地方政府通过贯彻中央政策文件的精神，结合自身县域金融市场的特征，出台适合当地县域金融发展的政策文件来引导和推动当地县域经济的发展。继《中共中央 国务院关于实施乡村振兴战略的意见》和《乡村振兴战略规划（2018—2022 年）》发布后，人民银行、银保监会、证监会等部委采取了一系列强有力的措施，旨在充分发挥金融市场作用，服务乡村振兴战略。在各部委的政策引导和绩效考核的双重约束下，金融机构深度参与乡村振兴。在金融产品方面，人民银行、原银保监会等五部门联合发布《关于金融服务乡村振兴的指导意见》，为金融支持县域经济发展提出稳步扩大"保险+期货"试点，探索"订单农业+保险+期货（权）"试点，探索建立农业补贴、涉农信贷、农产品期货（权）和农业保险联动机制的产品。中国期货业协会统计，在 2021~2022 年项目覆盖的 703 个县域中，涉及原 832 个国家级贫困县中的 231 个，包括 44 个国家乡村振兴重点帮扶县，"保险+期货"持续为乡村振兴提供金融助力。根据《关于 2022 年银行业保险业服务全面推进乡村振兴重点工作的通知》，县域地区通过"政府引导、政策支持、市场运作等多种方式"，结合各个县域特征，有针对性地打造支持县域经济发展的产品。此外，由于县域经济的特殊性，金融市场的发展需要资金支持，县域金融市场发展一直是资金依赖政府转移支付。2022 年，财政部老少边穷地区转移支付预算数为 3288.2 亿元，同比增长 8.2%；主要用于担保贴息的普惠金融发展专项资金，2022 年预算同比增长 19.5%，达 107.07 亿元。

（二）金融市场建设需满足双重目标

当前，县域政府支持的主要目标是实现共同富裕，最为重视的是提高县域地区的生活质量。县域政府支持金融市场不仅要解决"融资难"的问题，而且还要解决"融资贵"的情况。从金融机构的角度而言，在政策支持和绩效考核的双重引导下，金融机构一直积极参与县域金融市场的建设。但本质上，金融机构作为企业，以稳健经营为目标，追求利益最大化。考虑到县域金融客户的需求规模相对较小、风险担保与风险补偿机制不健全、信用信息及合格的抵质押品缺乏等问题，金融机构在县域的成本较高，导致金融机构对支持县域经济的内生动力不足（何广文，2001；王国刚，2018），造成"融资难"问题，或者在解决"融资难"时，形成"融资贵"的局面。县域金融市场的建设需要兼顾共同富裕和金融机构市场化经营的双重目标。

（三）正规金融机构竞争力不足

一方面，县域非正规金融对正规金融有挤出效应。县域民间借贷历史悠久，有融资需求时，向亲朋好友借款的占比较大（成思危，2005；吴雨等，2016；李祎雯和张兵，2018）。同时，因相关扩张监管约束少，促使互联网金融公司大量下沉到县域，加之借款手续简单、快捷，对正规金融有替代效应。另一方面，农村金融机构（包括农村商业银行、农村合作银行、农村信用社和新型农村金融机构）总资产约为大型商业银行的32.6%，而其发放的普惠型小微企业贷款额与大型商业银行几乎持平，是县域贷款的主力军（刘会苏等，2005；黄惠春等，2010；杨虎锋和何广文，2012、2014）。但是农村金融机构不良贷款率较高、资产利润率和资本充足率较低，竞争劣势凸显（见表3-2）。农村金融机构进入县域金融市场较早，在支持县域普惠型小微企业中的市场占有率高，但承担了较大的金融拓荒成本。随着县域从脱贫攻坚向乡村振兴战略过渡、人民生活水平的逐渐提高及当地项目的不断优化，会吸引更多的金融机构参与到县域金融市场的竞争中。然而，农村金融机构人员组织体系庞大，较少有成熟的电子科技系统，"三农"金融服务产品较为单一（梁其洲，2022），运营成本居高不下，很难使拓荒成本和收益内部化，导致占据县域金融市场最大份额的农村金融机构在金融科技充分嵌入金融机构的市场竞争中发展困难。

表3-2 2022年第四季度三类银行机构发展情况

指标	大型商业银行	股份制商业银行	农村金融机构
总资产（亿元）	1562597	664643	500104

续表

指标	大型商业银行	股份制商业银行	农村金融机构
总负债（亿元）	1434946	610607	463932
普惠型小微企业贷款（亿元）	86027	40512	70277
不良贷款率（%）	1.31	1.32	3.22
资产利润率（%）	0.88	0.79	0.53
资本充足率（%）	17.76	13.57	12.37

注：农村金融机构包括农村商业银行、农村合作银行、农村信用社和新型农村金融机构。

资料来源：银保监会。

（四）县域金融市场有效供给不足

经过多年的不断建设，县域金融市场发展有了长足的进步。银行和保险网点覆盖率较高，但证券、基金等其他金融机构严重缺失，金融供给单一。县域产业具有金融需求动态调整和金融风险管理要求高的特点，作为县域金融市场的主力军，当地法人金融机构产品设计能力差，大型商业银行在县域的分支机构不具备产品设计的能力和权限，而总部自上而下的产品设计体系，又不能充分考虑到各地的具体差异，因此适应县域发展发展的金融产品供给少。

（五）县域的局部知识性不能满足金融业标准化信息体系的要求

县域金融市场的金融供给方以银行为主，融资需求方是小微经济主体及农户。银行大部分信贷产品由总行统一开发，需要通过标准化的信息输入来确定金融产品和投放要求。然而，县域金融市场的融资参与方呈现出明显的局部知识特点（Hayek，1945；冯兴元等，2004；李明贤和唐文婷，2017），只有局部地区的小微经济主体或农户之间充分了解自身及彼此发展的真实情况，外部人员很难获得相应信息。小微经济主体易出现财务信息不完整、管理不规范等问题，金融机构无法通过量化的数据指标来判断企业的好坏及未来发展前景；个人用户因较少参与正规金融活动，在人民银行的征信系统中缺少有效个人信用信息，导致金融机构无法通过已有信息判断借贷人未来的还款能力。同时，县域融资方普遍缺乏金融知识，对金融产品不熟悉，加剧了县域金融供给与金融需求方的信息不对称，导致县域金融市场失灵。

（六）县域金融人才匮乏问题突出

金融行业属于知识密集型产业，人才是第一要素。但因金融行业收入不均衡，大城市有很强的人才虹吸效应，导致县域金融行业人才存量不足、引进困难、流失严重、结构不佳、专业技能偏低等一系列问题。大多数县域政府积极进行金融人才引进，但人才引进政策存在同质性、模糊性的特点，人才引进后效果缺乏可持续性。人才因素不仅成为制约县域金融机构发展的重要因素，同时因不懂金融运作的理论与规则，县域也在不同阶段出现了 PPP 违规操作、民间借贷市场混乱等各种金融乱象。

第二节　政府支持县域金融市场的动因分析

县域金融支持经济发展离不开政府的作用。现有文献较为关注政府支持县域金融市场发展的动因。结合前期理论及文献梳理以及本书实地调查的情况，将政府支持县域金融市场的动因归纳总结为四个方面。

一、金融发展对经济的促进作用

政府支持的总目标是实现共同富裕。金融是实体经济发展的血脉，是推动县域经济发展的强大动力。政府支持县域金融发展的根本动因在于希望通过金融支持经济发展，实现共同富裕，具体而言：一是金融业有利于企业做大做强。金融业的蓬勃发展可以有效节约周转资金余额、提高市场流动性、降低企业融资成本，有效促进实体经济增长。二是金融业对产业链上下游企业的支持可以增加产业链上的企业信息交流，节约企业生产成本。三是金融业为企业创新提供资金支持，促进经济发展。大量文献认为创新可以促进经济发展，如钟腾和汪昌云（2017）发现金融发展有利于企业创新产出，其中股票市场比银行业对企业创新的积极影响更大。四是金融机构聚集有利于整合信息、建立社会信用体系。金融聚集可以促进为金融机构服务的相关产业和中介服务业的迅速发展，从而有利于数据信息整合，便于提升当地金融风险评估和风险管理水平，降低金融机构运营成本。同时因金融行业以信用为基础，县域金融行业的蓬勃发展，有利于健全当地社会信用体系。五是金融行业的发展可以吸引人才和其他生产要素聚集到县域，有利于当地经济发展。因此，县域政府有充分的动因发挥金融行业的作用，加速当地经济发展，最终促进实现共同富裕。

二、国家政策推动县域政府实施政策支持

国家政策的顶层设计是县域政府实施地方政策的依据和动因。国务院、中国人民银行、原银保监会、证监会等政府部门及各地方政府部门先后出台了关于各地区充分利用金融支持当地发展的相关政策。在脱贫攻坚阶段，国家出台的《中国证监会关于发挥资本市场作用服务国家脱贫攻坚战略的意见》、《关于创新发展脱贫人口小额信贷的指导意见》等文件明确了地方政府要积极协调调动金融资源，各地政府也纷纷出台各种规划和政策文件，充分发挥各类金融机构在助推脱贫攻坚中的推动作用。在共同富裕阶段，中央层面发布的《中共中央　国务院关于全面推进乡村振兴加快农业农村现代化的意见》等文件都明确指出从县级单位入手，持续推进农村一二三产业的融合发展，实现各县均衡发展，各种资源要素充分发挥作用，各地方政府贯彻落实文件精神，扎实有序推进乡村振兴，全方位推进农业农村高质量发展超越，从而促进共同富裕。为落实国家政策，实现国家共同富裕的社会主义现代化目标，县政府具有支持当地金融市场发展的动力。

三、县域金融机构竞争存在严重不平衡性，需要地方政府支持

长期的城乡二元割裂，导致我国县域地区经济发展不平衡。虽金融机构已基本覆盖了全部县域，但由于盈利目标，在经济相对落后的县域金融机构网点、业务仍然有限，经济发展不平衡导致金融业态发展不平衡。除了少数百强县，我国县域地区普遍以中国农业银行、农业发展银行、农商行（农村信用社、农合行）、邮政储蓄银行和中国人寿等银行以及保险机构为主。且在有限的金融机构中，以当地法人金融机构为主，提供的金融产品和金融服务较为单一。国有商业银行受限于网点少、人员少等各方面原因，往往只关注公司融资，导致银行业务分布占比不平衡。在这些银行中普遍存在创新型服务不足、现有产品与需求不匹配等问题，机构竞争的不平衡导致市场缺乏改善金融产品和服务的驱动力，市场金融服务的可得性较低，不足以支持当地经济发展需要。机构竞争不平衡所带来的市场效率低下，无法通过市场的自我调节解决，必须要通过政府政策进行改善。

四、防范区域性金融风险

县级金融市场既有正规金融，也有民间金融等非正规金融；县域政府和金融机构既是金融业务的主要参与者，还承担着金融知识普及、防范区域金融风险的重任。县域金融市场的综合性和复杂性，一方面造成金融风险的关联性和隐蔽性；另一方面致使居民和企业家难以理解金融行业，导致非法融资等现象时有发生。县级地区一旦发生区域性金融风险，对当地产业发展产生巨大的打击，对脱贫攻坚成果的巩固、当地经济发展、产业升级等全方面都会产生极大的威胁。因此，县域地方政府有较强的内生动力，通过政府政策严防区域性金融风险的发生。

五、地方政府面临竞争压力

随着分税制的改革，部分地方政府的事权和财权不匹配，地方政府面临着三方面的竞争压力。首先，中央对地方经济发展的要求，使得地方政府面临竞争压力。在地方政府绩效考核中，将地区 GDP 列为关键指标之一，当地金融业的发展对实现这种绩效目标十分重要。其次，由于资源稀缺和分配不均匀，地方政府之间的竞争更加激烈。特别是县域金融资源和制度资源都相对缺乏，使得县级地方政府抢夺资源促进经济发展竞争越发激烈，特别是在经济实力及资源和环境相当的地方政府之间竞争更为激烈。最后，从地方政府官员自身考虑，考核和晋升同样是地方政府面临的竞争压力。地方政府官员有动力通过推动地区经济发展特别是利用金融资源促进当地产业发展，提高地方经济竞争力，从而为晋升增加更多的机会。

第三节 政府支持县域金融市场的具体措施

一、完善顶层制度设计，精准实施金融服务

战略层面，为了实现乡村振兴，达到共同富裕的社会主义现代化目标，国家各部委纷纷出台了相关政策，县域政府充分利用各类政策，形成政策高地。县域政府主要通过制定下述五种金融政策，优化当地金融生态环境，引导金融机构为实体经济服务。一是依托当地政府主管部门，强化顶层设计，以系统化和工程化的思路对县域金融市场进行支持。县域政府强调金融工作与产业发展相结合，积极开展企业上市相关培训，引入域外成熟企业迁至本县上市，统筹安排支持金融市场的具体办法。例如，《河北省人民政府办公厅关于加快推进企业挂牌上市工作的通知》中提及，河北省市、州、县政府引导基金也要重点向本地上市后备企业倾斜，支持企业改制上市。对积极支持企业上市的金融机构，各级政府和金融监管部门在评定支持地方经济发展突出贡献奖、拓展业务和按规定享受相关扶持政策等方面给予优先考虑。相应地，河北省灵寿县出台了《鼓励和扶持企业上市工作实施意见》。二是结合县域金融市场包括农村金融市场的特点，建立农村产权交易平台、信用信息平台、民间借贷服务平台等，为金融机构的金融决策提供必要的信息与服务。例如，湖北省长阳土家族自治县出台了《长阳土家族自治县农村产权交易管理办法》，目的是提高资产、资源利用效率，降低采购成本，规范农村产权交易行为，不断完善交易制度，持续优化营商环境。三是针对小额信贷、助保贷等特定金融产品，制定当地政府与金融机构合作的具体办法。例如，广西省德保县出台的《德保县2022年脱贫人口小额信贷项目实施方案》中提到，进一步优化小额信贷贷款的流程，及时满足贷款对象的需求，着力巩固脱贫成果，有效衔接乡村振兴。四是针对部分农村信用合作社未完成农商行转制以及地方法人机构发展落后的情况，县域政府制定当地法人金融机构的管理办法，协助农村信用合作社向农商行转制，促进当地法人机构健康发展。例如，贵州省江口

县出台的《江口县农村信用合作联社改制组建农村商业银行股份有限公司工作实施方案》强调了转换农村信用合作联社的经营机制，切实增强服务"三农"、服务中小企业的能力，健全现代农村商业银行体系，更好地服务地方经济社会发展，为全县经济平稳健康发展提供强有力的金融支撑。五是县级政府积极与金融机构合作，通过信用户、信用村、信用乡的评比活动、建立企业和个人信用黑白名单等办法，完善当地信用体系，优化金融生态环境。例如，江西崇仁县发布的《崇仁县信用户、信用村、信用乡（镇）创建实施方案》中提及崇仁县以信用户、信用村、信用乡（镇）创建为载体，以创建评选与表彰、政策支持与服务、信用提高与环境改善为落脚点，有利于农村各类经济主体及时、有效地获得金融服务支持，并且有利于农村金融机构增强经营服务意识，加大金融扶持力度，促进"三农"经济发展和农村社会稳定。六是县域地方政府通过人才引入等方式来改善县域营商环境，注入新鲜血液，创造更好的金融发展大环境，更好地提升县域金融市场的竞争力。例如，江西大余县发布的《大余县人民政府办公室关于大余县引进和培育金融人才的实施意见》和《大余县红土地人才聚集工程五年行动规划纲要》文件中提及，培养引进高层次人才，优化金融人才结构，从而为县域金融市场发展提供智力支持和人才保障。

二、联合当地金融机构，提升金融供给能力

与当地金融机构合作，是政府支持当地金融市场最常见也是最有效的手段之一。其中，又以银政企合作最为常见。县域政府作为中间人为特定企业与银行建立直接联系，促使银行与企业的信贷合作。这些企业往往代表着县域主要发展的产业，这也就达到了金融支持实体经济发展的目的。另外，针对各地产业发展和金融机构的运行特点，各县级政府还运用财政资金促进金融机构对当地不同产业发展的支持。一是设立符合当地特色产业需要的产业发展基金，通过政府出资，撬动社会资本，支持实体经济发展。例如，福建寿宁县发布了《寿宁县乡村振兴产业扶持基金实施办法》，通过财政资金的引导，使得金融资本更好地服务县域产业的发展，从而解决县域中小微企业融资难、融资贵的问题。二是由县政府财政独立出资或与金融机构共同出资，设立风险补偿金，积极用市场化的方法，解决金融机构风险控制的难题。例如，宁夏回族自治州的西吉县发布了《西吉县融资担保风险补偿资金管理暂行办法》，目的是支持小微企业、"三农"和创业创新等市场主体发展，缓解其融资难题，推动乡村振兴和农业农村现代化发展，并保障县域政府性融资担保公司可持续发展，进一步完善融资担保风险分担机制。三是通过国资委出资设立国有或混合所有制担保公司、小额贷款公司、民间资本管理公司等，健全当地金融体系，支持实体经济融资。四是与数字金融机构合作，推进数字金融。网商银行已与超过1000家县政府合作，推进县域数字普惠金融的发展，促进资本、信息和数字等要素的自由流动和高效分配，解决信息不对称所导致的市场失灵与传统金融分散化，加速建设全国统一大市场，对于稳定经济大局起到了至关重要的作用。

第四节　县域政府支持金融市场发展存在的问题

一、政府支持金融市场的目标不清晰

县域地方政府支持金融市场容易忽视金融行业的市场化属性，将当地金融市场发展目标混淆为建立福利金融体系。对县域地方政府支持金融市场发展内涵的曲解导致县域政府推进金融市场发展与防范金融风险的两难性。一方面，县域政府积极促进金融机构为弱势群体提供金融服务，若完全不考虑收益与风险的关系，可能会加剧金融排斥性，进一步削弱金融机构在县域长期开展业务的驱动力。另一方面，县域在"三期叠加"的基础上还面临着因城镇化、老龄化导致实体经济经营困难等多重挑战。以福利金融为出发点，可能会加剧县域区域性金融风险的积累。

二、政府支持缺乏精准的系统性规划

大部分县域政府支持金融市场主要依靠上级政府的政策和财力支持，这是县域支持金融市场的常态。金融市场的地方特色性需求与对上级政府的依赖性形成了两个潜在问题。一是地方特色产业发展缺乏有针对性的金融支持。由于上级政

府支持与县域政府支持的角度不同而无法全面顾及每个县域的地区差异性，这将导致金融市场为当地实体经济服务的效果低于预期。以农村小额贷款为例，3年的期限和5万元的额度虽然适用于全国大部分县域地区的金融需求，但产业发展各具特色。例如，部分中草药种植的经济周期一般要超过3年，"农家乐"旅游项目的投资需求往往超过5万元。期限和额度固定的金融服务无法精准地匹配当地的金融需求。二是金融体系涉及诸多类型的金融机构和金融产品。各地区金融要素市场差异和地方金融市场的顶层设计缺乏，不利于县域地方政府与金融机构形成持续有效的联动。

三、政府支持可撬动的资源有限

县域地方政府支持金融市场可利用的资源有限，无法应对多变的金融市场。一是县域政府财力有限。从地方政府财政可支配资金情况看，县域的一般预算收入相对较低。县域政府较难筹集到足够的资金来撬动当地金融资源。二是县域地方政府支持金融市场的人力不足。地方政府主要通过当地的金融办或金融监管局监督和支持金融市场发展。经过多次机构改革调整，县域金融办大部分归入地方政府或财政局，而非独立部门，在编人数较少，人员配备不足，工作人员的金融专业知识薄弱，这使得县域地方政府对当地金融市场的统筹能力不足，支持金融市场的力量薄弱。三是县域金融业态缺失，地方政府支持的对象有限。在县域的金融机构中，鲜见证券、信托、基金等金融业态。县域地方政府支持的对象只能以间接融资市场为主，不易健全当地金融体系。四是县域政府通过协调金融机构的方式支持市场的能力有限。金融机构接受银保监会、证监会的监督管理，一般是总部管理制，上层金融机构缺乏相应动力。金融分支机构不具备决策审批和独立设计金融产品的能力及权限，可开展的业务受限。县域政府几乎无法有效影响金融机构为当地实体经济服务。

四、金融生态环境欠佳制约政府支持效果

金融生态环境与金融市场建设密切相关。2022年北京工商大学对全国1381个县的金融生态环境进行了测评，从100强县级市的金融服务可得性指数分析来看，100强县级市的金融服务可得性指数最高为0.71，县域最高为0.42。明显看

出，县域的金融服务可得性指数是处于较低水平，远远低于县级市。县域也存在企业和居民对金融知识了解较少、信用及还款意识不强、金融要素市场缺失、金融机构间无法形成有效竞争、金融秩序不够规范等现象。金融业务以信用为基础，县域地区金融生态环境欠佳，不利于当地金融市场的建设，也不利于域外金融资源向县域转移，制约着政府支持金融市场的效果。

第四章　演进规律与理论分析

第一节　政府与市场关系的理论

政府和市场的关系，是构成一国经济体制的核心内容（刘建丽，2021），同时也是定位政府角色的核心内容（徐礼伯和张雪平，2019）。能否处理好政府与市场的关系，在很大程度上影响甚至决定一国的经济活力、运行效率、发展质量等（沈坤荣和徐礼伯，2022）。不论是回顾以往政府与市场关系的既成历史，还是判定未来政府与市场关系的可能走向，均离不开对于二者关系理论支撑的深入发掘探索。

一、自由主义的政府与市场关系理论

自由主义理论包括古典自由主义、近代自由主义理论、新古典自由主义和新自由主义理论。

古典自由主义理论发源于 17 世纪，以亚当·斯密为代表的学者认为政府的干预往往会阻碍经济的增长，由于市场中"理性的经济人"会以追求自身利益最大化为目标，因此政府无须干预市场即可达到社会福利最大化。近代自由主义理论源自 19 世纪后半叶，以密尔为代表的学者意识到市场并不是完美的，需要政府发挥促进经济效率的职能以增进社会福利。新古典自由主义理论起源于 20

世纪，代表学者有冯·哈耶克、大卫·索罗，该理论强调市场的作用，认为市场是合理配置经济资源最重要甚至唯一的力量，市场的自动调节是最优越和最完善的机制，并反对干预市场经济的行为。新自由主义理论诞生于 19 世纪后半期，以弗里德曼为代表的学者反对国家和政府对经济的不必要干预，倡导利用税收来干涉经济、调控市场的责任型政府，通过社会资源、财富的再分配来抑制社会不平等。

二、干预主义的政府与市场关系理论

干预主义是指反对自由放任，主张扩大政府机能，限制私人经济，由国家对社会经济活动进行干预和控制的一种经济思想和政策，代表人物有庇古、凯恩斯、萨缪尔森等。

庇古的福利经济学主张收入均等化，认为分配越均等，社会福利就越大。凯恩斯（2004）认为经济不能自动地达到均衡，政府应当作为社会秩序和经济生活的干预者积极发挥作用，实施国家方针和政策将经济运行中的"漏出"或"呆滞"的财富重新用于生产和消费，从而可以实现供求关系的平衡，促进经济增长。萨缪尔森进一步诠释了干预主义的要义："看不见的手"并不是完美无缺的，也会发生市场失灵的现象而将经济引向歧途，为了矫正"看不见的手"在经济运行中的缺陷，政府应发挥干预经济的功能，且市场和政府都是必不可少的。

三、制度学派与选择学派的政府与市场关系理论

制度学派与选择学派主张政府对市场的干预应当有所为和有所不为（朱应皋和吴美华，2007）。制度学派的代表人物米切尔认为市场经济本身具有较大的缺陷，无法实现社会中人与人之间的平等，政府干预活动的交易费用要在低于市场活动的交易费用范围内，否则就会导致经济运行的低效率和无效率。选择学派的代表人物詹姆斯·布坎南提出的公共选择理论以"经济人"为假设，认为社会由市场与政府组成，强调政府行为的限度（黄腾蛟和黄利刚，2021），且在政府干预下，各经济人所做决定的社会效应应比政府干预前更高，以弥补市场经济的不足，否则政府的干预就无经济意义。

第二节 政府与市场关系的模式

一方面，"有为政府"是"有效市场"的基本前提。市场经济从高度集中的计划经济中改革而来，这个过程离不开政府的主动选择与有力推动。政府需要通过主动减少对市场的指导、减少直接参与经济活动，推动创造公平竞争的市场环境，为"有效市场"的运行保驾护航并提供法制保障，逐步让市场在资源配置中发挥越来越大的作用。在这个过程中，政府将会逐步增强认识市场规律、运用市场规律、弥补市场失灵的能力。虽然从表面看行政指令是不断让位于市场的，但这恰恰是"有为政府"最重要的体现，正是"有为政府"才让市场变得越来越有效。另一方面，"有效市场"为"有为政府"提供支持。"有为政府"的首要目标是为人民群众在教育、医疗、社会福利、安全等方面提供优良的公共服务，实现这一目标最重要的是经济高效率发展从而提供物质支持。随着"有效市场"在资源配置中所起的作用不断增大，资源配置的效率会相应得到提升、市场活力得到释放、市场主体的积极性得到提升，进而生产力得到解放与发展，经济发展水平得到提升，这将为政府实现多方面的公共目标提供更多的物质保障。同时，经济发展水平的提升又为后续的发展奠定基础，为政府实现更高水平的公共目标提供支撑，从而形成良性循环（沈坤荣和徐礼伯，2022）。

目前来看，除去"有政府无市场"、"有市场无政府"两种已经没有现实指导意义的关系模式，政府与市场这"两只手"之间的博弈，形成了政府与市场并存的多种关系模式。政府与市场关系的模式大致可以划分为四种类型。依据政府与市场在资源配置中决策权的强弱对比，依次为强市场弱政府、强政府弱市场、弱市场弱政府、强政府强市场。其中，政府的强弱指政府支持资源配置的深入程度；市场的强弱指市场在资源配置中是否起决定性作用。这些典型目标模式的存在，为我们更好地理解政府与市场关系提供了借鉴。

一、强市场弱政府

在此模式下，政府在保留必要的宏观调节权利基础上，由市场主导资源的配置，即"市场第一，政府第二"（夏永祥，2004）。

迅速发展的资本主义在西方世界取得了丰硕的成果，在实践与斯密"看不见的手"理论的双重影响下，西方资本主义国家强调市场对经济的调节功能，认为市场应该不受约束的自由发展，而政府应该恪尽"守夜人"的职责。因而在自由资本主义时期，资产阶级政府对社会经济基本采取不干预政策，形成了"强市场弱政府"的模式。这种模式之所以在西方社会具有强大的生命力，在于它是生产资料私有制和市场经济的产物，有利于资本主义的发展，从而完成资本积累，同时导致了无产阶级的贫困化。

二、强政府弱市场

在此模式下，政府为实现特定目标，集中力量办大事，挤压市场的权力，但往往会致使经济主体活力丧失、效率低下（朱应皋和吴美华，2007）。

当市场处于不完善的情景下时，若仅依靠市场对资源进行配置，由于信息不对称等问题的存在，极易造成"市场失灵"。在此前提下，人们转而将权力交给政府，以求在政府的介入下实现社会资源的有效配置，因而诞生了"强政府弱市场"的组合模式（王赫奕和王义保，2018）。资本主义自由放任的经济模式在创造了大量财富文明的同时，也导致经济危机不断发生。资本逐利的特性在很大程度上压制了广大发展中国家的工业化发展。为了防止出现经济危机，以及西方发达国家对于本国经济的压制，原东欧国家普遍采用国家干预主义的"强政府弱市场"模式（尚延波，2021）。强政府主要表现为以政府为核心，对包括生产、流通、分配和消费等在内的方方面面进行指导与调控；弱市场主要表现为虽客观上存在市场，但市场自由度极小，各行各业均受到严格的管控。此模式将指令性计划经济作为指导教条，强调政府集权而排斥市场机制（郭正林，1995）。显而易见，"强政府弱市场"模式极易导致社会经济主体活力的丧失，经济活动的各个环节均由政府把握，严重打击了经济主体的积极性与创造性。

三、弱市场弱政府

这种模式是所有国家力图避免的一种政府与市场结合模式。其基本特征是政府政策措施既没有建立在政府规划安排的基础上，也没有建立在灵活的市场机制基础上：即政府不承担计划控制的责任，市场也没有建立自我调节的机制（刘祖云，2006），且本国市场与国际市场的联系被人为割裂。

处于转轨时期的俄罗斯曾采取"休克疗法"，否定政府干预的积极性，实施社会保障市场化，但实践证明"休克疗法"并没有实现经济的增长，反而使经济形势更加恶化。"弱市场弱政府"模式同样在非洲和拉美等国家被普遍使用，非洲和拉美的许多国家的国民经济整体上接近于"弱市场弱政府"的模式。这些国家多数没有建立本国独立完整的工业体系，贸易保护主义严重，缺乏基础的现代文化教育，民众受教育水平较低。因此，这些国家大部分奉行简单的"拿来主义"，将在他国实践较为成功的政策直接运用在本国，没有结合本国国情进行改良，当发生经济危机时，公众对政府的不满导致政府更迭频繁，新一届政府仍实施"拿来主义"，形成恶性循环。国家纷纷放弃政府对经济的干预，加之市场缺乏竞争而无法发挥市场对资源的配置功能，最终形成"弱市场弱政府"模式。

四、强政府强市场

该模式相较于政府与市场关系二元论的非此即彼，是一种全新的探索。纯粹的主张政府主导，抑或市场主导，都不能清晰准确地概述经济发展中资源配置的实际情况。在此模式下，既注重政府"看得见的手"的作用，又保持市场"看不见的手"的优势，以求达到社会资源的均衡配置。即政府在宏观经济领域发挥其强大的宏观调控、缓解经济波动的能力，市场在微观经济领域发挥其成熟的市场调节、自我管理的能力（刘祖云，2006）。

由于西方国家一直奉行自由主义，市场占主导地位、政府不干预经济发展的政策。但市场本身并非完美加之周期性经济危机沉重地打击了资本主义社会，迫使人们反思现有的政府与市场组合的合理性，并发现了政府对社会经济活动干预的必要性。"强政府强市场"模式摒弃了对政府与市场作用的简单两分，以对立统一的辩证思维去看待政府与市场的关系，即充分发挥市场对资源配置的决定性作用，同时更好发挥政府作用（尚延波，2021）。如实现赶超的中国实践，实现了市场经济与社会主义制度的有效结合，较为成功地发挥无形之手与有形之手的作用，实现两手齐抓共管。韩国、新加坡等地也采取了"强政府强市场"的管理组合，在借鉴发达国家经验的基础上制定了一整套适合本国、本地区经济发展的政策，从而保证社会经济在市场机制的轨道上迅猛发展。

以上四种模式不能简单地认为谁优谁劣，模式的切换要基于本国历史和国情的不同为转移。不管是资本主义国家还是社会主义国家，都需要通过界定政府与市场发挥作用的方式，大体框定政府与市场的边界。运转良好的市场经济体系，既需要有效的市场，使市场主体的积极性得以充分发挥，使价值创造得到充分激励；也需要有作为的政府来保障经济运行的制度基础，并确保公共政策目标的实现（刘建丽，2021）。

第三节　我国政府与市场关系的演进

改革开放以来，中国经济水平不断提高，GDP一直保持高速增长，世界地位不断提高，人民的生活条件得到显著改善。究其原因，改革开放开启了建立社会主义市场经济体制的道路，并对政府这只"看得见的手"与市场这只"看不见的手"如何更好地结合进行了卓有成效的探索，如中央政府给予地方政府自主空间，鼓励地方政府先行先试、大胆探索，等比较成熟后再逐步向全国推广，这一系列举措使市场与政府关系得以不断改善。

一、探索阶段（1978~1992 年）

20 世纪 70 年代末，人们对高度集中的计划经济体制弊端进行了深刻反思，意识到传统高度集中的计划经济体制忽略了市场价值规律对我国经济发展的促进作用、否认了计划经济与市场的紧密联系（刘炬，1993）。于是，20 世纪 70 年代末 80 年代初，党和政府围绕"计划经济和市场调节的关系"等问题开启了我国经济体制的深刻变革，也开启了我国政府与市场关系的新探索。

1978年，党的十一届三中全会提出，要重视价值规律的作用。价值规律是商品生产的基本规律，在尊重社会主义基本经济规律和国民经济有计划按比例发展规律的同时，重视价值规律，充分发挥社会主义市场的作用。

1982年，党的十二大提出"计划经济为主，市场调节为辅"。虽然此时政府仍占主导地位，但是市场的作用开始得到重视，1982年的GDP值为5373.4亿元，远超1952年的679.1亿元，此时的GDP与中华人民共和国成立初期相比已经有了数十倍的增长。

1984年，党的十二届三中全会提出"有计划的商品经济"。有计划的商品经济相对于完全由市场调节的经济而言，即在生产资料公有制基础上，自觉运用和依据价值规律，对商品生产和交换进行计划调节的社会主义经济体制。打破了把计划经济同商品经济对立起来的传统观点，商品经济的充分发展，是社会经济发展的不可逾越的阶段，是实现我国经济现代化的必要条件（王彦坤，1999）。

1987年，党的十三大提出"国家调节市场，市场引导企业"。要发挥市场调节的作用，就要让市场去直接调节和引导企业。国家对企业的间接管理，主要是通过经济手段并辅之以其他手段，将经济发展战略和计划目标传递给市场，并规范和调节市场机制，再由市场机制直接调节企业的经营活动（卫兴华，1998）。

1989年，党的十三届三中全会提出"计划经济与市场调节相结合"。党中央进一步调节市场与政府的关系，不断提高市场的地位。1992年邓小平同志指出政府和市场作为经济手段都可以促进经济增长，与姓资姓社无关，稳定了市场的地位。

1992年，党的十四大明确提出"经济体制的改革目标是建立社会主义市场经济体制"。我国经济体制改革目标模式的确定是关系整个社会主义现代化建设全局的重大问题。提出此改革目标后，我国GDP增长率高达10%以上，远超世界平均水平，人民收入水平的增长速度也在不断提升。这一时期取得了较为突出的成就，国内生产总值从1978年的3679亿元增长到1992年的25989亿元，增长高达7倍。同时，经济效益快速提升，产业结构日趋合理，人民生活日益改善，这为政府与市场关系的进一步认识奠定了重要基础。

二、发展阶段（1993～2013 年）

21 世纪初，我国发展迎来了新的挑战。一方面，我国的小康总体是低水平的、不全面的、不均衡的，经济社会发展中的体制机制障碍仍然较多；另一方面，亚洲金融危机的爆发及加入 WTO 的现实情况，迫切需要我国提高国际竞争力以在经济全球化浪潮中提升国家地位。这两方面因素都对我国政府与市场关系的处理提出了新的要求（闫娟，2020）。

1993 年，党的十四届三中全会提出"确立市场对资源配置的基础性作用"。这次会议上，明确了市场的基础性作用，尊重市场规律，重视市场调节经济的作用。这在经济发展的实践上选择和确立了一条符合当时经济运行一般规律，高速度、高效益发展国民经济的有效运行机制。

2003 年，党的十六届三中全会提出"进一步完善社会主义市场经济体制"。明确提出要大力发展资本市场和其他要素市场；积极推进资本市场的改革开放和稳定发展，扩大直接融资；建立多层次资本市场体系，完善资本市场结构，丰富资本市场产品；规范和发展主板市场，推进风险投资和创业板市场建设；积极拓展债券市场，完善和规范发行程序，扩大公司债券发行规模；大力发展机构投资者，拓宽合规资金入市渠道；建立统一互联的证券市场，完善交易、登记和结算体系；稳步发展期货市场。中国的经济体量占世界的比重也开始逐年上升，2006 年占世界经济的比重超过 5%，2011 年超过 10%。

2007 年，党的十七大提出"从制度上更好发挥市场在资源配置中的基础性作用"。政府配置资源的权力过多过大，直接影响了市场在资源配置中的基础性作用的有效发挥，这说明对市场在资源配置中的基础性作用，不能停留在一般性的要求上，而要让这种作用通过制度的方式体现出来、规范下来、运行起来。即将那些经过实践检验、行之有效的经验上升到制度的层面，用制度加以固定，使之成为保证我国社会主义市场经济体制平稳运行、健康发展的基础。

2013 年，党的十八届三中全会提出"市场在资源配置中起决定性作用和更好发挥政府作用"。将"基础性作用"更换为"决定性作用"。市场决定性作用就是让价值规律、竞争和供求规律在资源配置中起决定性作用。可以看出党中央对市场作用的高度重视，将市场的地位提升到前所未有的高度，明确市场经济促进经济增长的重要作用无法被政府替代，中国特色的社会主义市场经济体制需要在市场的基础上发挥政府因势利导的作用。

在此阶段，市场在资源配置中的基础性作用明显增强，且政府的宏观调控体系初步建立。2013 年，我国进出口总额高达 4.16 万亿美元，意味着我国超越美国成为世界第一贸易大国；第三产业增加值为 17,337 亿元，占国内生产总值 46.1%，并首超第二产业，表明我国产业结构调整取得积极进展；国内消费稳中有进，"双十一"当日支付宝成交额达 350.19 亿元，其中，智能手机、智能电视、节能型汽车等消费明显增长，这反映出我国需求结构得到进一步改善。

三、完善阶段（2014 年至今）

随着我国经济体制改革的深入，俨然走出了一条特色道路，即中国特色社会主义道路。但政府与市场结合的表现仍有完善的空间，如部分政府干预的措施限制了市场活力的释放，且市场秩序的不规范影响了竞争的充分性。同时经济发展不均衡、社会收入差距扩大、科技创新能力不足等问题凸显，这要求我国对政府与市场的协同作用进行深入探索。

2017 年，党的十九大提出建立"市场机制有效、微观主体有活力、宏观调控有度"的新经济体制。通过持续创新和完善宏观调控，丰富和灵活运用财政、货币等政策工具，增强调控前瞻性、针对性和有效性，推动经济平稳健康发展。

2019 年，党的十九届四中全会强调"坚持公有制为主体、多种所有制经济共同发展和按劳分配为主体、多种分配方式并存，把社会主义制度和市场经济有机结合起来，不断解放和发展社会生产力"。既体现了社会主义制度优越性，又同我国社会主义初级阶段社会生产力发展水平相适应，是我国国家制度和国家治理体系的一个显著优势。

2020 年，党的十九届五中全会提出"推动有效市场和有为政府更好结合"。这是党中央关于市场与政府关系的最新认识，为今后深化市场经济体制改革提出了明确的目标和要求，对激发市场活力和制度活力，尽快形成市场作用和政府作用有机统一、相互补充、相互协调、相互促进的格局具有重要的指导意义。

2022 年，党的二十大提出"构建高水平社会主义市场经济体制，坚持和完善社会主义基本经济制度，毫不动摇巩固和发展公有制经济，毫不动摇鼓励、支持、引导非公有制经济发展，充分发挥市场在资源配置中的决定性作用，更好发挥政府作用"。在充分肯定资本在发展社会主义市场经济中积极作用的同时，要正确认识和把握资本的特性和行为规律，防止资本无序扩张，为资本设置好"红绿灯"，使资本在法律法规的制度框架下健康发展。

随着改革的深入，我国创造了"中国奇迹"，2020 年，全国 832 个欠发达县全部脱贫，脱贫攻坚取得胜利；2021 年国内生产总值达到 110 万亿元，经济实力明显提升；2022 年我国人均可支配收入达到 36883 元，人民生活水平得到提高。这充分体现了我国对经济发展规律的不断探索和全面把握，也愈加凸显了在处理政府与市场关系时的中国特色与优势，为今后我国进一步处理好政府与市场关系做出了方向性的指引。

综观我国的市场化改革过程，就是政府与市场关系不断优化的过程。我国从启动市场化改革至今，改革一直在路上，从高度集中的计划经济起步，经过长时间的持续探索，使得政府与市场的关系日趋成熟，两者的互动也渐入佳境。"有为政府"通过改革让市场更有效，"有效市场"反过来又支撑"有为政府"，"有为政府"再推动下一轮的改革，如此形成良性循环与螺旋式上升，走出了一条中国特色的政府与市场结合之路，形成了独特的"有效市场+有为政府"的模式。

第四节 国际经验借鉴

不同国家的政府与市场关系不尽相同，对于政府与市场关系的问题，本书试图从一些发达国家的经济发展中寻找经验证据。

美国是市场经济高度发达、市场体制高度健全的国家，市场在资源配置中起决定性作用，是典型的"强市场"，政府很少干涉微观企业的经营。政府虽然不直接参与经济活动，但着力于塑造发展环境、维护公平竞争（刘建丽，2021），因此定位为服务型政府、"强政府"。日本作为后起国家，十分注重政府对市场经济下资本和技术引进、投入方向和效益的干预，这些成为解释"东亚奇迹"的重要原因之一（庞明川，2013）。因此，美国与日本"强市场"、"强政府"组合的经验值得研究借鉴（沈坤荣和徐礼伯，2022）。

第一，高度重视通过法律手段加强产权保护，营造公平的竞争环境，维护市场的有效性。美国特别重视企业的合规经营，强调企业要诚实守信，反对垄断并严厉打击违法经营、侵犯消费者权益、侵犯知识产权、财务造假等，对产品质量、金融、证券等领域的监管也相当严格。但在对外经济方面，美国政府采用了与对内经济完全不同的原则。当其本国产业有优势时，它强调竞争规则；而当其产业竞争受到威胁时，它会采取各种保护措施，不惜动用贸易保护、投资限制、实体清单等手段打压别国产业，甚至赤裸裸干预企业的经营。（沈坤荣和徐礼伯，2022）日本为确保市场竞争，制定了《禁止垄断法》、《市场化实验改革法》等法案，运用法律手段加大对违法者的处罚力度。

第二，高度重视通过战略、报告、法案等途径干预产业发展。自金融危机以来，美国为"再工业化"、先进制造发展出台了大量的扶持政策，如《确保美国先进制造业的领导地位》、《美国主导未来产业战略》、《2021美国创新与竞争法案》、《2022美国竞争法案》、《2022芯片与科学法案》等。《2022芯片与科学法案》专门聚焦芯片领域，根据该法案，美国政府将向半导体行业提供500多亿美元的支持。日本近年来在量子科技、氢能源、人工智能等产业领域频频发力，发布了《量子技术创新战略》、《创新25战略》、《氢能源基本战略》、《人工智能战略》等扶持政策，完善在先进产业的布局以获得竞争优势。

第三，高度重视政企合作，不断创新政企合作模式。美国成立了大量的由政府高校、企业共同参与的各类联盟、研究机构、网络等，如美国先进制造业伙伴项目（AMP）、制造创新研究所（MII）、国家制造创新研究所网络（NNMI）、制造创新研究所、半导体制造技术联盟等。美国政府提供资金给政产学研合作的创新型组织。高新技术研发需要的资金量一般较大，风险与不确定性较高，企业一般不愿承担这样的风险，政府提供资金支持科研创新，为高风险的高新技术研发分摊风险，但又把具体的决策权交给市场，即政府不干预企业的自主决策。这样的模式有助于调动各方面的积极性，较好实现了参与各方的优势互补，有利于应对复杂的环境与挑战，支持特定领域或产业的发展是政府与市场的有效结合。日本政府对不同的产业发挥不同的作用，具体表现为"协调型"的政企关系。例如，以TPP和RCEP为核心进一步调整日本政企相互配合的"海外战略"（陈子雷，2017）。政府与企业在信息共享的基础上共同协商决定经济社会目标，有利于政府快速了解企业需求、有效落实政策条款，从而促进企业技术进步。

第四，对重大科技研发，政府深度参与并积极创造初始市场。美国的很多产业，尤其是高科技产业，是政府通过这些途径一手扶持起来的。例如，晶体管技术在美国政府资助的贝尔实验室开发成功后，美国军事及航天计划为其提供了最早的主要市场。政府的这种支持，特别是来自国防部门的支持，对美国的技术进步起到了至关重要的作用。日本为营造科技研发的良好环境，对科技研发的投入稳定占据 GDP 的 3% 以上，同时赋予科研团队极大的自主权，允许其大胆试错以自主制定研究方向。

第五，重视对宏观经济的干预，高度重视通过财政与货币政策调控经济。例如 2008 年金融危机后，美国的财政连续 4 年财政赤字在 1 万亿美元以上，远高于金融危机前的水平，其对经济干预的程度由此可见一斑。日本则实行低利率政策，制定"小额储蓄免税制度"、"超额贷款制度"和"银行不倒"制度，在集中居民大量闲散资金基础上确保银行能向资金需求方提供稳定的低成本融资渠道。

在现实经济世界中，很难抽离国家的民族性和文化传统而谈论经济制度。对于美国和日本的经济发展经验应取其精华、去其糟粕，结合改革开放以来我国的实践经验辩证看待。社会主义制度赋予了我国政府更强大的治理能力，我们对于经济发展中"政府与市场关系演变规律"要始终保持清醒认识并严格遵循其演变趋势。继续完善社会主义市场经济制度，让"市场主导型"模式更好地服务于我国经济社会发展，同时加强有为政府建设，让政府与市场这两种资源配置手段更好地扬长避短，提升我国资源配置效率，推动我国经济沿着社会主义市场经济方向阔步前行，不断取得新的发展成就（刘建丽，2021）。

第五章 政府支持对县域金融市场发展的影响研究

第一节 研究背景

我国正处在经济转型阶段，国家将发展县域经济作为推动我国经济发展的重要工作。金融具有资金融通、资源配置等功能，对于县域经济转型具有重要作用，是县域经济发展的重要推动力。县域金融是各县政府的着重发力点之一。由于地理环境等因素，我国县域金融发展马太效应明显，一些发达县域依靠区位、资源等基础条件实现了经济的迅速发展，吸引了大量金融资源，为产业结构升级和经济转型提供了进一步支持，金融与经济之间形成相互促进发展的良性循环。但部分经济状况较为落后的县域却饱受金融资源匮乏之苦，经济转型步伐缓慢。

同时，由于长期以来支撑县域经济高速发展的土地红利、人口红利正在逐步收窄，传统的低附加值产业发展面临严峻挑战，金融资源的重要地位不容忽视。为缓解金融资源分配不均的问题，实现产业升级和经济的可持续发展，各县级政府从资金、政策以及监管等多方面对金融市场进行支持。2021年1月4日出台的中央一号文件更是明确提出，要加大对机构法人在县域、业务在县域的金融机构支持力度。在地方政府对县域金融市场的支持力度日愈加深的同时，支持效果也成为众多学者研究的热点话题之一。

就理论层面而言，政府行为对金融市场发展的作用，一直都是学界研究的热点话题，但我国学者对此方面的研究主要集中于国家或省级层面，且并未形成学术界统一的观点。本章主要研究我国 2085 个县级地区政府支持对当地县域金融市场发展的影响，不仅在研究对象上补充了关于县级政府的研究，还通过实证验证回答了政府政策是否会促进金融市场发展的问题，为进一步认识政府与市场的二元关系进行了补充，同时补充了学术界对政府支持有效性的研究。

就现实层面而言，我国经济发展离不开县域经济发展，而金融是促进县域经济增长的一大抓手。县域政府必须对自身职能精准定位，同时结合当地金融生态情况，合理地支持金融市场。本章观察地方政府支持行为对县域金融市场的影响，分析县级政府通过制定金融政策或增加一般公共预算支出对县域金融市场发展的影响，更好地帮助县级政府出台支持金融市场发展的政策及方案，提高决策效率。同时通过分析县域政府的支持效果，检验政府支持政策的有效性，可以在一定程度上提升政府治理效率，提高政府通过金融推动当地经济发展的效率。

第二节 理论分析

关于政府政策的理论，包括抑制金融市场发展和促进金融市场发展两种观点。政府会抑制当地金融发展的主要代表理论有 Mckinnon 和 Shaw 的金融抑制论。金融抑制论认为在完全竞争的市场结构下，要素可以充分流动，政府通过一系列的管制措施，会使资源错配，对金融市场的良性运行造成一定损伤，从而降低金融效率。欠发达地区的政府对金融活动和金融体系的过多干预会抑制金融体系的发展，而金融体系的发展滞后又阻碍了经济的发展，从而造成了金融抑制和经济落后的恶性循环。

支持政府可以促进金融发展的理论包括金融约束论、市场增进论等。金融约束理论是指政府通过实施一系列金融约束政策可以促进金融业更快地发展，从而推动经济快速增长，其隐含的前提是政府可以有效地管理金融业，或者说政府可以解决市场失灵问题。此理论主要是从市场监管的角度理解政府的作用。市场增进论由日本学者青木昌彦提出，他认为政府的职能在于促进或补充民间部门的协调功能，而不是将政府和市场仅仅视为相互排斥的替代物。市场增进论后来成为众多学者普遍认同的观点。欠发达地区金融体系尚不完善，金融监管也存在大量漏洞，经常会出现由于信息不对称、垄断竞争等导致市场失灵问题，政府可以纠正市场失灵，故其对于市场来说是必要的补充。

虽然目前对于政府支持金融市场的行为尚未形成统一观点，但在完全竞争的市场结构尚未出现的背景下，许多国家在实现工业化的过程中都存在一系列的政府支持政策。同时，根据"财政分权"理论和"晋升竞标赛"理论，无论是从县域政府角度，还是从官员个人角度，地方政府有充分的动力干预县域金融市场。在我国经济转型的背景下，通过支持金融来达到经济结构转型的目的，是政府工作的重点之一。

实践中，县域政府支持金融市场发展的主要形式包括两种：一是地方政府用金融补贴代替财政补贴，被称为直接性的行政支持。在我国改革初期，政府为了保证经济顺利转型，通过财政补贴的方式对国有企业进行大量补贴，但随着分税制改革，地方政府的财政能力已经不能满足对国有企业的补贴需求，因此当地政府积极促进金融补贴。金融补贴主要来源于国有金融部门的金融贷款支持、贷款补贴等。县域政府主要针对重点产业，从结构方面对特定行业或龙头企业进行政策优惠，主要包括贷款贴息、政府担保等多种形式。二是县域政府通过政策引导金融机构在当地设立分支机构，吸引金融资源聚集，从而实现扩张金融组织规模，提高经济增长速度的作用。但是作为商业化运营的金融机构不仅能够吸引金融资源聚集，也有将金融资源输出的作用。在金融资源本身匮乏的地区，金融市场会自发将金融资源聚集并输送到利润更加丰厚的地区。这就需要政府在引导金融机构设立的同时，制定相关政策，防止金融机构变成"抽水机"。

从历史宏观发展的角度来看，一方面我国的金融体系建立是在政府主导下完成的，政府与金融体系密不可分。另一方面，从"拨改贷"政策实施起，按照行政区划分规则设置的国有银行与地方政府管辖权匹配，为政府提供了一条影响金融资源配置的渠道。总体来看，无论是间接支持还是直接支持，金融市场发展都离不开政府的影子。在目前的国情下，无论从理论层面分析还是现实层面分析，政府支持县域金融市场都具有重大意义。

第三节   研究设计

一、样本及数据来源

为了检验政府支持县域金融市场发展的影响，本节选取了我国 2018～2019 年 31 个省份 2085 个县共计 4161 组数据作为研究样本。相关数据中 GDP、年末金融机构各项贷款余额、一般公共预算收入、一般公共预算支出、第二产业增加值等指标原始数据来自中国经济网和县级政府统计公报，金融政策数量来自各县级政府官网，金融机构数量、银行数量来自银保监会官网发布的具有金融许可证的机构，总面积、第三产业从业人数和规模以上企业数量等指标来自 2019～2020 年的《中国县域统计年鉴》，普惠金融指数采用的是北大县级普惠金融指数。其中，极少量数据缺失，采用插值法进行补充。通过整合各大经济数据库、官方统计网站、2085 个县级政府官网等数据，形成本书的研究数据库。

二、变量选取与定义

（一）被解释变量

根据所梳理的文献资料，前期研究在衡量金融发展水平时一般采用年末贷款余额、金融机构本外币存贷款余额、金融机构各款项余额等与 GDP 比值衡量。但此类数量型指标多衡量的是资本配置的效率，也就是金融发展的深度，通常在经济较为发达的地区或者研究对象经济体量较大时更为准确。由于本章研究样本中存在相当一部分金融发展程度落后的县域，用金融发展深度指标难以对其金融发展程度进行区分，故增加了金融发展广度指标，用来衡量特定单位区域内可获得服务的金融机构数量。根据数据可得性和县域地区特性，本章从金融发展深度和金融发展广度两个层面衡量县域金融发展水平，金融发展深度用年末金融机构存贷款余额与 GDP 比值来衡量，金融发展广度用金融机构数量与总面积的比值来衡量。

（二）核心解释变量

已有关于省或市的文献中，衡量政府支持水平普遍采用一般公共预算支出与GDP比值这一指标，但预算支出除对金融层面进行支持外，还涉及环境、基础设施、社会保障、文化等多方面的内容，无法分离出政府财政支持金融市场的力度。参考其他文献中的政策搜寻方法，本章在一般公共预算支出与GDP的比值这一指标的基础上增加了金融政策指标，通过对2085个县级政府发布的政策规定进行梳理，建立县级政府支持政策数据库，能够更为准确地衡量县级政府对于金融市场的支持程度。张正平和杨丹丹（2017）通过文本挖掘法构建了普惠金融发展指数，并以此测算各省份普惠金融发展水平。参考其方法，在搜寻金融政策时以"金融风险"、"金融犯罪"、"企业上市"、"投融资"等一系列关键词进行搜寻，之后进行人工筛选，最终确定金融政策数量。

（三）控制变量

基于文献研究，县域金融发展程度除受政府支持影响外，还与当地的经济发展水平、金融生态、产业结构和人力资本等方面有关，故本章从这几个方面选择控制变量。从经济发展角度来说，县域地区规模以上企业数量越多，就会带动当地经济发展；一般公共预算收入占比越高，说明当地政府财政实力越强；居民储蓄存款占比越高，说明居民收入越高，这些都会在一定程度上吸引金融资源。从金融生态方面来说，金融基础设施越完备，对于金融发展的正向影响应当越高。从产业结构和人力资本角度，县域地区产业结构越合理、人力资本越充足，金融资源的聚集效应就越强。

由于金融发展深度衡量的是县域金融的资源配置效率，故选择的控制变量主要以纵向指标为主。在经济基础方面确定了规上企业数量、一般公共预算收入与GDP比值两个控制变量，在金融生态方面确定了北京大学数字普惠金融指数和银行网点数量（特指在原银保监会有金融许可证的银行网点）两个控制变量，产业结构以第二产业占比衡量，人力资本以第三产业人数占比衡量。针对金融发展广度，由于其衡量的是金融在县域地区的覆盖广度，人力资本和产业结构属于结构型指标，对于金融服务的覆盖广度影响不大，故控制变量主要为经济基础和金融生态两方面，用规上企业数量和居民储蓄存款占比作为经济基础方面的控制变量，北京大学数字普惠金融指数作为金融生态方面的控制变量。各变量的具体定义如表5-1所示。

表5-1　第五章变量定义

变量类型	变量名称	变量代码	变量定义
被解释变量	金融发展深度	FINDEV1	年末金融机构各项贷款余额/地区生产总值
	金融发展广度	FINDEV2	金融机构数量/地区总面积
核心解释变量	政府支持1	yszc	一般公共预算支出/地区生产总值
	政府支持2	jrzc	金融政策数量
控制变量	经济基础1	gsqy	规模以上企业数量
	经济基础2	yssr	一般公共预算收入/地区生产总值
	经济基础3	jmcxck	居民储蓄存款/地区生产总值
	金融生态1	index	北京大学数字普惠金融指数
	金融生态2	yh	在银保监会备案的银行网点数量
	产业结构	decy	第二产业增加值/地区生产总值
	人力资本	dscyrs	第三产业从业人数/户籍人口数

三、模型的构建

本章基于2018~2019年2085个县的短面板数据，运用固定效应和随机效应两种计量方法探究政府支持对县域金融市场发展的影响。首先，选取金融政策数量和一般公共预算支出与地区生产总值的比值作为核心解释变量，年末金融机构各项贷款余额与地区生产总值比值和金融机构数量与总面积比值作为被解释变量，从经济基础、金融生态、产业结构和人力资本4个维度选取控制变量，本章建立的政府支持下县域金融发展深度与广度的基本回归模型如下：

$$FINDEV1 = \alpha_{it} + \beta_1 yszc_{it} + \beta_2 jrzc_{it} + \beta_3 gsqy_{it} + \beta_4 yssr_{it} + \beta_5 index_{it} + \beta_6 yh_{it} + \beta_7 decy_{it} +$$
$$\beta_8 dscyrs_{it} + \eta_i + \mu_t + \varepsilon_{it} \tag{5-1}$$

$$FINDEV2 = \alpha_{it} + \beta_1 yszc_{it} + \beta_2 jrzc_{it} + \beta_3 gsqy_{it} + \beta_4 jmcxck_{it} + \beta_5 index_{it} + \eta_i + \mu_t + \varepsilon_{it}$$

$$\tag{5-2}$$

其中，i 表示县域号，t 表示年份，η_i 和 μ_t 分别表示县和年份的虚拟变量，ε_{it} 表示随机扰动项，服从正态分布，且 μ_t 与 ε_{it} 不相关。FINDEV1 和 FINDEV2 分别是被解释变量金融发展深度和金融发展广度，yszc 和 jrzc 分别表示一般公共预算支出/GDP 和金融政策数量，此为衡量政府支持程度的核心解释变量，其他控制性变量已在表 5-1 中有详细说明，故此不再赘述。

第四节　实证结果

一、描述性统计及相关性分析

表 5-2 是对所有变量的描述性统计。本章选取的研究样本覆盖全国大部分地区，时间为 2018 年与 2019 年两年。根据表 5-2 可知，2018~2019 年，县域地区金融发展深度指标数据最高为 69.477，最低为 0.058，平均水平为 1.732，中位数为 1.542；发展广度数据最高为 5.039，最小值为 0.002，平均水平为 0.013，中位数为 0.010。金融发展的深度和广度指标的极差都在标准差的 45 倍以上，且中位数都与极小值接近，说明我国县级地区的金融发展无论是深度还是广度都存在一定程度上的地区发展不平衡性，且金融发展程度不高的地区居多。代表政府支持指标的一般公共预算支出与 GDP 比值最大为 4.121，最小为 0.050，平均值为 0.356；金融政策数量最高为 22 条，最低为 0 条，平均值为 0.874。这说明不同地区县域政府对金融市场发展的支持程度不同，且对金融市场支持程度较小的地区占多数。

表 5-2　第五章变量描述性统计

变量	样本量	最小值	最大值	平均值	标准差	中位数
FINDEV1	4161	0.058	69.477	1.732	1.498	1.542
FINDEV2	4161	0.002	5.039	0.013	0.087	0.010

续表

变量	样本量	最小值	最大值	平均值	标准差	中位数
yszc	4161	0.050	4.121	0.356	0.378	0.240
jrzc	4161	0.000	22.000	0.874	1.446	1.000
gsqy	4161	1.000	3325.000	120.170	204.427	57.000
yssr	4161	0.005	2.792	0.072	0.107	0.057
jmcxck	4161	0.028	7.345	0.875	0.462	0.799
index	4161	62.670	143.060	105.461	8.430	104.820
yh	4161	0.000	588.000	36.836	44.341	28.000
decy	4161	0.013	0.934	0.374	0.149	0.375
dscyrs	4161	0.000	1.201	0.155	0.093	0.145

表5-3是等式（5-1）中被解释变量金融发展深度和解释变量及控制变量的相关性分析，表5-4是等式（5-2）中被解释变量金融发展广度和解释变量及控制变量的相关性分析。由表5-3和表5-4可知，两个等式中所有变量之间的相关性系数都小于0.7，在一定程度上说明回归模型不存在多重共线性。

表5-3 等式（5-1）变量的相关性统计

变量	FINDEV1	yszc	jrzc	gsqy	yssr	index	yh	decy	dscyrs
FINDEV1	1**								
yszc	0.175**	1**							
jrzc	−0.040*	−0.204**	1**						
gsqy	−0.064**	−0.340**	0.144**	1**					
yssr	0.214**	0.270**	−0.036	0.016	1**				
index	−0.054**	−0.358**	0.064**	0.518**	0.027	1**			
yh	0.041	−0.166**	0.032	0.456**	−0.031	0.183**	1		
decy	−0.199**	−0.367**	0.082**	0.319**	0.029	0.298**	0.101**	1**	
dscyrs	0.042**	−0.367**	0.082**	0.319**	−0.159**	−0.340**	0.417**	−0.313**	1**

注：***、**、*分别表示1%、5%、10%的显著性水平。本章下同。

表 5-4　等式（5-2）变量的相关性统计

变量	FINDEV2	yszc	jrzc	gsqy	jmcxck	index
FINDEV2	1 **					
yszc	−0.081 **	1 **				
jrzc	0.059 **	−0.204 **	1 **			
gsqy	0.215 **	−0.340 **	0.144 **	1 **		
jmcxck	0.018	0.139 **	−0.067 **	−0.169 *	1 **	
index	0.010	−0.358 **	0.064 **	0.518 **	0.298 **	1 **

二、实证回归

（一）估计方法的选择

为了避免伪回归的出现，本章做了 ADF 检验，表 5-5 是两个等式的 ADF 检验结果。如表 5-5 所示，等式（5-1）和等式（5-2）的所有变量的 p 值均小于 0.05，说明不存在单位根，即可判断变量是平稳的，不会出现伪回归现象。

之后，本章分别做了 F 检验、BP 检验和 Hausman 检验，用于比较固定效应、随机效应和混合效应三种方式对等式的拟合效果。等式（5-1）和等式（5-2）的三种检验结果如表 5-6 所示。根据表中结果显示，等式（5-1）的 F 检验和 BP 检验 p 值小于 0.05，Hausman 检验 p 值大于 0.05，说明等式（5-1）采用随机效应的拟合效果更优。等式（5-2）的三种检验结果 p 值均小于 0.05，说明固定效应的拟合效果更优，因此等式（5-2）采用固定效应。

表 5-5　ADF 检验表

变量	FINDEV1	FINDEV2	yszc	jrzc	gsqy	yssr	jmcxck	index	yh	decy	dscyrs
t	−8.078	−7.836	−4.457	−4.534	−5.986	−6.036	−6.626	−5.522	−5.488	−6.568	−4.5986
p	0.000 ***	0.000 ***	0.000 ***	0.000 ***	0.000 ***	0.000 ***	0.000 ***	0.000 ***	0.000 ***	0.000 ***	0.000 ***

表5-6　F检验、BP检验和 Hausman 检验结果汇总（n=4161）

	检验类型	检验目的	检验值	检验结论	最终结论
模型 1	F 检验	FE 模型和 POOL 模型比较选择	F (30, 4143) = 10.171，p = 0.000	FE 模型	RE 模型
	BP 检验	RE 模型和 POOL 模型比较选择	χ^2 (1) = 4375.411，p = 0.000	RE 模型	
	Hausma 检验	FE 模型和 RE 模型比较选择	χ^2 (7) = 9.501，p = 0.219	RE 模型	
模型 2	F 检验	FE 模型和 POOL 模型比较选择	F (30, 4105) = 11.011，p = 0.000	FE 模型	FE 模型
	BP 检验	RE 模型和 POOL 模型比较选择	χ^2 (1) = 29.962，p = 0.000	RE 模型	
	Hausman 检验	FE 模型和 RE 模型比较选择	χ^2 (5) = 36.262，p = 0.000	FE 模型	

（二）政府支持金融市场发展的整体实证检验

以等式（5-1）为基础，通过随机效应的估计方法来实证检验政府支持对县域金融市场发展深度的影响，回归结果如表5-7所示。以等式（5-2）为基础，以固定效应的估计方法来实证检验政府支持对县域金融市场发展广度的影响，回归结果如表5-8所示。根据回归结果显示，政府支持金融市场发展的深度结果等式和支持金融市场发展广度结果等式如下：

$$FINDEV1 = 1.187yszc - 0.033jrzc - 0.002gsqy + 1.088yssr + 0.036index + 0.001yh - decy - 0.389dscyrs - 1.516 \tag{5-3}$$

$$FINDEV2 = 0.012yszc + 0.006jrzc - 0.003gsqy - 0.014jmcxck - 0.002index + 0.175 \tag{5-4}$$

从回归结果来看，等式（5-3）的 F 检验 p 值为 0.00，等式（5-4）的 F 检验 p 值为 0.007，都小于 1%，说明这两个等式的解释变量对被解释变量都有解释作用。核心解释变量一般公共预算支出与 GDP 比值在政府支持对县域金融市场发展深度和广度的两个实证当中，p 值都小于 5%，系数都为正，说明一般公共预算支出与 GDP 比值对金融市场发展的广度和深度都有正向影响。金融政策数量项对金融发展深度具有显著负效应，而对金融发展广度具有显著的正效应。从系数来看，县级政府通过提高一般公共预算支出的方式对金融市场发展进行支持的影响，要大于通过制定金融政策的影响。总体来看，县级政府支持能在一定程度上从深度和广度两个层面起到促进当地金融市场发展的作用（见表5-7、表5-8）。

表5-7　政府支持对县域金融市场发展深度的实证结果

	常数	核心解释变量		控制变量					
		yszc	jrzc	gsqy	yssr	index	yh	decy	dscyrs
回归系数 Coef	-1.516* (0.914)	1.187** (0.335)	-0.033* (0.016)	-0.002 (0.000)	1.088 (2.123)	0.036** (0.009)	0.001* (0.001)	-2.131** (0.391)	-0.389 (0.401)

表5-8　政府支持对县域金融市场发展广度的实证结果

	常数	核心解释变量		控制变量		
		yszc	jrzc	gsqy	jmcxck	index
回归系数 Coef	0.175** (0.029)	0.012** (0.060)	0.006** (0.003)	-0.003** (0.000)	-0.014* (0.016)	-0.002** (0.000)

（三）欠发达县与普通县政府支持金融市场发展的实证检验

按照是否是国定欠发达县将所有样本分为两组，分别进行回归，并将回归系数的结果进行差异性检验。政府支持县域金融市场发展的回归结果如表5-9和表5-11所示，表5-10和表5-12分别是欠发达县与普通县两个回归结果系数的差异检验结果。结果显示，一般公共预算支出/GDP对普通县金融市场深度和广度都具有显著的正向影响，对欠发达县的深度有显著的正向影响，欠发达县的广度具有显著负向影响。这说明政府采取提高一般公共预算支出的方式支持当地金融市场发展，在普通县内会促进当地金融发展广度，但在欠发达县内却会抑制当地金融发展广度。这有可能是因为欠发达县地区的金融资源有限，当地政府通过提高一般公共预算支出的方式支持金融市场发展，会导致金融机构向政府支持的产业或者领域提升服务质量，在有限的金融资源下，就难以扩大金融服务广度，从而间接地抑制了金融发展广度。

金融政策数量项在普通县和欠发达县内表现出了非常大的差异。在普通县内，该项会对金融市场发展深度和广度产生抑制效应，但在欠发达地区不会。根据表5-10和表5-12的结果，欠发达县和普通县的金融政策数量项系数有显著差别，说明普通县政府通过发布金融规定，会对当地金融发展深度产生抑制效果，且抑制效果较强。由于普通县金融资源相对丰富，金融市场具有自我调节的能力，县级政府通过发布金融规定或政策的方式影响市场发展有可能出现政府支持过度的情况，反而会抑制当地金融市场发展。而欠发达县因市场失灵、资源流失等问题，需要政府作为。因此欠发达县的政府政策能够在一定程度上促进当地金融市场发展。

表5-9　欠发达县与普通县分类下政府支持对金融市场深度影响的分组回归结果

类别	常数	yszc	jrzc	gsqy	yssr	index	yh	decy	dscyrs
欠发达县	−1.002 (−1.262)	0.648** (3.450)	0.014 (0.526)	0.001** (0.000)	−0.514 (−1.567)	0.034** (4.126)	0.003* (2.076)	−2.208** (−5.156)	−1.112 (−1.719)
普通县	−1.148 (−1.726)	2.054** (4.687)	−0.042* (−1.989)	0.002** (0.000)	6.336** (7.089)	0.026** (3.977)	0.001 (1.722)	−2.188** (−5.591)	−0.088 (−0.225)

表5-10　欠发达县与普通县分类下政府支持对金融市场深度影响的

分组回归系数差异检验

类别	yszc	jrzc	gsqy	yssr	index	yh	decy	dscyrs
普通县	2.054	−0.042	0.002	6.336	0.026	0.001	−2.188	−0.088
欠发达县	0.648	0.014	0.001	−0.514	0.034	0.003	−2.208	−1.112
差值	1.406	−0.055	0.001	6.850	−0.008	−0.002	0.020	1.023
p值	0.000**	0.166	0.017	0.000**	0.449	0.351	0.972	0.260

表5-11　欠发达县与普通县分类下政府支持对金融市场广度影响的分组回归结果

类别	常数	yszc	jrzc	gsqy	jmcxck	index
普通县	0.325** (2.783)	0.020** (0.302)	−0.001* (−0.229)	0.000** (9.949)	0.028 (1.455)	−0.004** (−3.256)

类别	常数	yszc	jrzc	gsqy	jmcxck	index
欠发达县	0.023 (0.526)	−0.011 ** (−1.532)	0.001 (0.894)	0.000 ** (4.379)	0.003 (0.470)	−0.000 (−0.301)

表5-12　欠发达县与普通县分类下政府支持对金融市场广度影响的
分组回归系数差异检验

类别	yszc	jrzc	gsqy	jmcxck	index
普通县	0.020	−0.001	0.000	0.028	−0.004
欠发达县	−0.011	0.001	0.000	0.003	−0.000
差值	0.030	−0.002	0.000	0.025	−0.003
p值	0.550	0.747	0.303	0.393	0.055

（四）重点帮扶县与非重点帮扶县政府支持金融市场发展的实证检验

按照是否是重点帮扶县对政府支持金融市场发展的影响进行分组实证，等式（5-1）和等式（5-2）的实证结果分别如表5-13和表5-15所示，两组系数差异性检验如表5-14和表5-16所示。一般公共预算支出比GDP对重点帮扶县和非重点帮扶县的金融市场发展深度都有着显著的正向影响，但在非重点帮扶县的正向影响效果要大于在重点帮扶县。而在广度方面，非重点帮扶县一般公共预算支出比GDP对县域金融发展广度有正效应，重点帮扶县则转为负效应。这说明通过一般公共预算支出的方式支持金融市场发展，在非重点帮扶县会明显促进金融发展的深度和广度，但重点帮扶县在促进金融发展深度的同时，会抑制金融发展广度。这与欠发达县的情况相似，可能是由于重点帮扶县金融资源过于匮乏导致金融机构在提升金融服务效率时，难以兼顾金融资源的覆盖广度。

金融政策在重点帮扶县与非重点帮扶县分类下显现出了明显的差别。县域政府出台的金融政策在金融市场发展深度层面对非重点帮扶县的影响效果不显著，但对重点帮扶县有显著的正效应；在金融市场发展广度层面对非重点帮扶县有显著的正效应，而对重点帮扶县的正效应则不明显。二者在统计学意义上存在明显差别，说明重点帮扶县政府通过发布金融政策的方式支持当地金融发展，对当地金融发展广度不显著。导致此结果的原因可能是重点帮扶县得到了国家乡村振兴局涵盖就业、技能、东西部协作、返乡创业等全方面的支持，在此基础上，县级政府通过发布金融规定对金融市场发展进行影响能够充分发挥政策的效力，从而达到促进金融市场发展深度的效果。但由于当地金融资源有限，在促进金融市场深度发展的同时，就难以兼顾金融资源的覆盖广度。

表5-13 重点帮扶县与非重点帮扶县分类下政府支持对金融市场深度影响的分组回归结果

类别	常数	yszc	jrzc	gsqy	yssr	index	yh	decy	dscyry
非重点帮扶县	-0.750 (-1.415)	1.719** (6.267)	-0.027 (-1.616)	0.003* (1.153)	6.360** (8.551)	0.023** (4.238)	0.001* (1.990)	-2.059** (-6.586)	-0.264 (-0.795)
重点帮扶县	-1.532 (-0.528)	1.510** (3.645)	0.481** (3.720)	0.000 (0.913)	-1.058* (-2.253)	0.000 (0.013)	0.034** (3.626)	-0.116 (-0.084)	7.824 (1.984)

表5-14 重点帮扶县与非重点帮扶县分类下政府支持对金融市场深度影响的分组回归系数差异检验

类别/指标	yszc	jrzc	gsqy	yssr	index	yh	decy	dscyrs
非重点帮扶县	0.023	-0.027	0.003	1.719	6.360	0.001	-2.059	-0.264
重点帮扶县	0.000	0.481	0.000	1.510	-1.058	0.034	-0.116	7.824
差值	0.022	-0.509	0.003	0.210	7.417	-0.033	-1.943	-8.088
p值	0.477	0.000**	0.191	0.588	0.000**	0.000**	0.191	0.029*

表5-15 重点帮扶县与非重点帮扶县分类下政府支持对金融市场广度影响的分组回归结果

类别	常数	yszc	jrzc	gsqy	jmcxck	index
非重点帮扶县	0.292** (3.359)	0.004* (0.142)	0.001* (-0.221)	0.000** (11.802)	0.025 (1.905)	-0.003** (-3.845)
重点帮扶县	-0.009 (-0.189)	-0.004* (-0.837)	0.000 (-0.042)	-0.000 (-0.235)	0.020* (2.682)	0.000 (0.065)

表 5-16　重点帮扶县与非重点帮扶县分类下政府支持对金融市场广度影响的

分组回归系数差异检验

类别/指标	yszc	jrzc	gsqy	jmcxck	index
非重点帮扶县	0.004	0.001	0.000	0.025	-0.003
重点帮扶县	-0.004	0.000	-0.000	0.020	0.000
差值	0.008	-0.001	0.000	0.005	-0.003
p 值	0.889	0.978	0.792	0.955	0.513

第五节　本章小节

本章将我国 2018 年和 2019 年全国 2085 个县域的金融数据、经济数据和政策数据作为样本，着重考察了政府支持在县域金融发展过程中的作用，并引入经济基础、金融生态、产业结构和人力资本等多个方面的指标作为控制变量进行实证分析，最后得出如下几点结论：

第一，县域地区金融发展水平和政府支持水平均存在不均衡的现象。我国县级地区的金融发展无论是深度还是广度，都存在一定程度上的地区发展不平衡性，且多数县域地区金融发展水平较低。据分析，这些金融发展程度高的地区普遍为我国一线城市地区。县级政府对当地金融发展的支持程度不一致，且对金融市场支持程度较小的地区占多数。

第二，政府支持总体来说可以促进当地金融市场发展。我国县级政府通过提高公共预算支出的方式可以显著地从金融发展的深度和广度两个层面促进当地金融发展水平。当其他条件不变的情况下，政府支出水平与 GDP 的比值越高，金融发展规模越大、效率越高，资金配置效率就越高。金融政策数量对县域金融市场发展具有显著影响。从整体实证检验结果可以看出，金融政策数量对县域金融市场发展的广度和深度都有显著影响，但对深度的影响是负向的，对广度的影响是正向的。换言之，在其他条件不变的情况下，政府推出的金融政策数量越多，当地金融发展的规模越大，但是金融资金配置的效率反而会下降。

第三，是否是欠发达县和是否是重点帮扶县均会对政府支持金融市场发展的效果产生影响。根据欠发达县与普通县、重点帮扶县与非重点帮扶县的分组回归结果和系数差异性检验，本章发现，在其他条件不变的情况下，政府通过一般公共预算支出的方式支持金融市场，会对欠发达县和重点帮扶县地区金融发展广度具有抑制效应；通过制定金融政策的方式支持金融市场，会抑制普通县的金融发展的深度和广度，但会促进欠发达县的金融发展。

从总体情况来看，在其他条件一定的情况下，政府通过提高一般公共预算支出占比的方式支持当地金融市场，会促进当地的金融发展，而通过制定金融政策的方式支持金融市场，则会促进在当地金融发展广度的同时，对金融发展深度有抑制作用。

第六章　政府与市场联动视角下县域金融市场竞争的空间溢出效应

第一节　研究背景

县域之间金融市场分割、金融供需不平衡是制约我国县域经济发展的主要原因之一。2022 年 4 月，《中共中央　国务院关于加快建设全国统一大市场的意见》指出，为打破区域封锁和市场分割，提升区域间市场互联互通水平，我国要加快建设全国统一大市场，重塑大国竞争优势。这一举措有望打破县域金融发展的区域壁垒，促进县域经济高质量发展。同时，随着数字金融的迅猛发展，以银行为主导的县域金融市场正在发生深刻的变化。2015 年底，国务院印发的《推进普惠金融发展规划（2016—2020 年）》指出，充分发挥互联网技术的有益作用，为社会提供小额、便民、快捷的金融服务，大力支持数字普惠金融的发展。数字金融可以利用信息技术缓解信息不对称、打破地域限制、扩大客户覆盖面、创新金融产品和服务等特点，弥补传统银行的不足，满足客户多样化的金融需求，对传统银行产生了一定的影响。此外，数字金融打破了县域传统金融市场的信息壁垒，降低了传统金融对物理网点的依赖，为建设全国县域金融统一大市场提供了技术保障（郭峰等，2020）。2022 年 4 月，中央网信办、农业农村部等多部门联合发布的《2022 年数字乡村发展工作要点》强调，要加强数字金融在农村地区的应用推广，强化信息技术对乡村振兴的驱动赋能作用。数字金融促进新的县域银行竞争格局的建立，并通过优化金融市场结构，提升金融服务县域实体经济的能力，从而促进乡村振兴发展。

　　截至 2022 年初，全国已有超过 1000 个县域政府与网商银行合作发展数字普惠金融，县域数字信贷得到快速发展。2021 年，中国社会科学院农村发展研究所发布的《中国县域数字普惠金融发展指数报告 2021》指出，县域数字金融的发展得益于县级政府积极推进，政府支持对县域数字金融的普及与发展至关重要。已有研究发现，采用农村产权改革、信用体系建设、政府增信等合作型政策，有利于县域间形成合力，可以同时提升本县与其他县的金融发展水平（冯林等，2016）；采用税费减免、财政补贴等保护型政策，短期吸引金融资源流入本县，但会抑制其他县金融发展，不利于统一大市场的建设，这种增量改革没有从整体上解决全国县域金融发展的问题（田雅群和何广文，2022）。考虑到数字金融有更强的流动性可以突破地域的边界，而县域政府支持有行政区域边界，从空间金融的角度，研究县域政府的金融政策对本县和其他县金融市场影响的差异化效果，有重要的理论与实践价值。因此，本章在建设全国统一大市场背景下，从空间上分析数字金融利用数字技术无地理限制的特性能否促进县域间金融资源的流动，进而改变县域内和县域外的传统银行竞争格局？是否有助于打破县域间金融市场的分割？数字金融进入县域金融市场离不开政府的引导，政府支持下数字金融对县域传统银行竞争的影响又会发生怎样的改变？行政隶属关系和空间地理距离对数字金融的空间溢出效应是否有影响？这些问题的回答，不仅能够为县域政府促进金融发展建言献策，同时探索了政府支持与市场竞争如何在建立全国金融统一大市场时形成良性联动。

第二节　提出假设

　　已有文献表明数字金融发展会对传统银行竞争产生影响，但在空间上研究数字金融对传统银行竞争的影响相对较少，现有文献研究主要表明数字金融的发展会对周边地区金融业产生一定的影响。例如，郭峰等（2020）发现数字金融发展水平低的地区，其周边地区数字金融发展较缓慢，发展水平高的地区会带动周围地区数字金融发展，表现为空间集聚效应。孟娜娜和粟勤（2020）指出数字金融会对传统银行产生技术溢出效应，在空间地理上商业银行距离数字金融发展水平较高的地区越近，越容易获得数字金融的技术溢出。殷贺等（2020）认为在信息技术的支持下，金融资源可以实现跨区域配置，数字金融发展也会受到周边地区发展的影响。袁鲲和曾德涛（2021）利用 Moran's I 验证了数字金融和传统银行都呈现出显著的空间自相关，数字金融和传统银行发展均会受到周边地区的影响。考虑到数字金融的发展会对传统银行竞争产生影响，加上在空间上数字金融和传统银行并不是相互独立的，县域之间存在空间关联，所以数字金融对县域内和县域外传统银行竞争可能产生不同影响，存在空间溢出效应。基于此，提出假设如下：

假设 6-1：数字金融会对县域传统银行竞争产生显著的空间溢出效应。

数字技术具有突破地域限制的特性，所以数字金融对县域内和县域外传统银行竞争可能产生不同影响。对于县域内，数字金融的发展可以为传统银行带来更多的信息，缓解传统银行机构与客户之间的信息不对称（张岳和周应恒，2021），推动银行开展更多金融业务，促进银行发展，设立更多银行网点，增加县域传统银行间的竞争。同时，数字金融也会对传统银行产生"技术溢出"（黄益平和黄卓，2018；孟娜娜和粟勤，2020），推动传统银行机构业务创新，促进银行间竞争。对于县域外，数字金融的发展会促进县域间金融资源的流动，加上传统银行线上化转型，使县域间银行网点共享成为可能，考虑到银行网点设立成本高的问题，增加本县银行网点的设立可能会减小相邻县银行网点的设立，进而抑制县域外传统银行竞争。基于此，提出假设如下：

假设 6-2：数字金融会促进本县传统银行竞争，对相邻县传统银行竞争产生负向空间溢出效应。

县域金融市场的发展也会受到市级政府政策的影响。从市级政府支持金融市场的角度来看，市级政府负责管辖行政区域内所有县，在制定和实施金融政策时，需要统筹考虑所有县域实际情况，促进县域协调发展。在市级政府统筹协调下，属于同一市的县域可能会面临相似的金融环境，县域政府制定和实施金融政策也会受到市级政府的影响，在市级政府支持下属于同一市的县级政府更加注重合作交流，缩小数字金融在各个县域的发展差距，数字金融对其他县域传统银行竞争的空间溢出效应可能减弱。

金融发展不仅要考虑政府支持，还要考虑市场力量的影响。数字金融可以促进县域间传统金融资源的流动，若数字金融市场力量较强，则数字金融对县域外传统银行竞争产生的空间溢出效应受空间地理距离影响较弱，上述空间溢出效应不只是在相邻县之间产生，利用数字技术打破地域限制的特性，会影响到更远的县域。若数字金融市场力量较弱，则数字金融对县域外传统银行竞争的空间溢出效应会受到空间地理距离的影响，上述空间溢出效应可能只存在于相邻县域之间。通过空间地理距离影响数字金融对县域传统银行竞争的空间溢出效应，间接反映数字金融在县域地区市场力量的强弱。相邻县之间由于空间地理距离较近，受市场力量影响更大，存在更强的资源流动；同时，在市级政府统筹协调下相邻县的政府之间也可能存在合作关系，因此属于同一市的相邻县域之间数字金融对传统银行竞争的空间溢出效应可能强于不相邻的县域。基于此，提出假设如下：

假设6-3：在政府和市场的共同作用下，属于同一市的相邻县域之间，数字金融对传统银行竞争的空间溢出效应强于不相邻的县域。

从县域政府支持金融市场的角度分析。一方面，县级政府为了吸引更多金融资源、支持当地经济发展和防范风险，会主动支持金融市场。其中，数字金融具有低成本、广覆盖和普惠性，在一定程度上能帮助地方政府解决长尾客户融资问题，成为县域政府支持金融市场的主要方向（姚耀军和施丹燕，2017）。对于传统银行，地方政府主要采用补贴奖励政策、搭建信息服务平台、建设信用体系等措施支持（冯林等，2016），吸引更多中小银行进入，使传统银行竞争格局随之发生改变。由于地方政府之间可能存在合作或竞争关系，政府需要本地信贷资源支持经济发展，对本地银行可能实施保护政策（张龙耀和袁振，2022），出台扶持本地金融市场发展的政策与措施，形成区域间的比较优势，促进本地区金融资源集聚，而对邻近地区产生一定程度的"虹吸效应"（粟勤和孟娜娜，2019），因而县级政府支持的强度会影响数字金融对传统银行竞争产生的空间溢出效应。

另一方面，数字金融和传统银行的发展也需要县域政府支持。对于数字金融而言，虽然数字金融具有突破地域限制、创新金融产品等优势，但是在我国县域地区，人口结构中农民占比较高，文化程度低，思想相对保守，对新事物接受程度低，导致数字金融在县域地区发展小而分散，数字信息散落，并没有达到预期的发展程度。所以，县域数字金融的推广，既需要市场在资源配置过程中发挥决定性作用，也离不开政府政策的推动。冯林等（2016）研究发现，县级地方政府金融政策可能是促进共赢的"合作型政策"，抑或是仅对本县有利的"掠夺性政策"，短期内两种政策都会促进县域金融发展，并且产生空间效应。现阶段，地方政府通常与金融科技公司签订合作协议，促进金融科技公司与传统银行机构合作，使数字金融的技术优势与传统银行的网点优势结合，健全当地金融体系。虽然在我国行政体系设置中，县域政府政策的实施范围有物理地域的界限，但地方政府之间互相影响和数字金融市场资源的跨地区流动，促使县域政策对本县及周边县的数字金融发展产生影响。基于此，提出假设如下：

假设6-4：政府政策支持较强的县域，数字金融对县域传统银行竞争的空间溢出效应较强。

第三节　研究设计

一、样本及数据来源

本章实证分析部分所使用的数据主要来源于《中国县域统计年鉴（县市卷）》、北京大学数字金融中心发布的《北京大学数字普惠金融指数》和原中国银行保险监督委员会官方网站公布的全国金融机构金融许可证信息。经过数据整理和剔除后，选取了全国1914个县（市、旗）2016~2019年的面板数据进行实证检验，所覆盖县域约占全国县域的70%，共7656个观测样本。

二、变量选取与定义

（一）被解释变量

县域金融竞争主要表现在银行业的竞争，借鉴现有文献的做法（姜付秀等，

2019；王雪和何广文，2019；张大永和张志伟，2019；Chong et al.，2013），采用赫芬达—赫希曼指数（简称 HHI 指数）即银行集中度来衡量县域金融竞争水平，银行集中度越低说明县域金融市场垄断程度越低，竞争度越高，二者呈反向变化。查阅已有文献，关于 HHI 指数的衡量方法主要包括两种：一类是基于银行机构资产额计算（孟娜娜和粟勤，2020；张正平和杨丹丹，2017；边文龙等，2017）；另一类是以银行机构的网点数量为基础计算（王雪和何广文，2019；粟勤和孟娜娜，2019；李志生和金凌，2021）。考虑到县级各类银行机构资产额的可得性和数据真实性较低，为了使实证检验结果更加精确，假设各类银行效率相同，基于原中国银行保险监督委员会公布的各个银行机构网点批准成立时间，统计每个县的各类银行机构的网点数量计算 HHI 指数。各个县的 HHI 指数的计算方法如下：

$$HHI = \sum_{j=1}^{n} \left(\frac{Branch_j}{\sum_{j=1}^{n} Branch_j} \right)^2 \qquad (6-1)$$

式中，n 表示该县域银行的类型，包含 5 家国有控股商业银行、中国邮政储蓄银行、12 家股份制商业银行、城市商业银行以及农村金融机构五大类。其中，政策性银行主要是贯彻国家发展政策进行特定的金融服务，不以盈利为目的，不参与银行之间的竞争，所以在计算 HHI 指数时没有将其考虑在内。中国邮政储蓄银行是国有控股商业银行，将其单独列出是因为相比于五大国有控股商业银行，中国邮政储蓄银行更具有普惠性，在县域地区网点机构占有较大份额，对县域普惠金融发展有重要作用。$Branch_j$ 表示该县域第 j 类银行的网点数量，$\sum_{j=1}^{n} Branch_j$ 表示该县域各类银行网点总数量。HHI 指数取值在 0 到 1 之间，HHI 指数越低，表明该县域银行集中度越低，竞争程度越高，县域金融竞争水平越高；HHI 指数越高，表明该县域银行集中度越高，竞争程度越低，县域金融竞争水平越低。

（二）解释变量

学术界关于衡量数字金融发展水平的指标主要包括两类：一类是采用文本挖掘法构建数字金融指数（田雅群和何广文，2022；张正平和江千舟，2018），另一类是使用北京大学数字金融中心发布的《北京大学数字普惠金融指数》，该指数是根据蚂蚁金服数据计算所得，可以反映数字普惠金融在我国不同地区的发展趋势（郭峰等，2020），大多数文献采用第二种方法衡量数字金融发展水平。本章主要研究县域地区数字金融发展状况，数字金融具有普惠性，县域地区包含农村，是普惠金融实施的主要地区，使用北京大学数字普惠金融指数在一定程度上能反映县域数字金融发展状况。因此，本章数字金融发展水平运用北京大学数字金融中心发布的《北京大学数字普惠金融指数》2016~2019年的县级数据，采用数字普惠金融发展总指数以及覆盖广度、使用深度、数字化程度三个维度的分指数，从不同角度分析数字金融发展水平对县域金融市场竞争的影响。因为数字普惠金融总指数和各分指数数值较大，所以对其进行了对数化处理。

（三）控制变量

借鉴粟勤和孟娜娜（2019）、袁鲲和曾德涛（2021）的做法，考虑了政府支持（gov）、产业结构（ind）、人力资本（edu）、金融发展深度（tra）、人口密度（lnpeo）、经济发展水平（lnGDP）等控制变量对县域金融市场竞争的影响。①政府支持（gov）。县域金融市场发展离不开当地政府支持和调节，政府支持可以防止金融市场无序扩张。借鉴王喆等（2021）的做法，使用一般公共预算支出与地区生产总值的比值衡量县域政府支持水平，该指标包含了政府直接支持和间接支持，可以较全面地反映政府支持程度，大多数学者采用了该指标作为政府支持的代理变量。②产业结构（ind）。考虑到县域地区以农民居多，从事第一产业生产，大部分学者都用第一产业增加值占当地GDP的比重衡量产业结构；但近年来农村旅游业等第三产业在逐步发展，对金融资源产生较大需求，影响传统银行发展。所以使用第一产业增加值与地区生产总值比值、第三产业增加值与地区生产总值的比值衡量产业结构。③人力资本（edu）。居民受教育水平会影响对金融产品的接受程度，进而影响金融业务的开展。考虑到数据的可得性，借鉴王雪和何广文（2019）的做法，使用县中小学在校人数与户籍总人口比值反映该县域的人力资本。④金融发展深度（tra）。金融发展深度使用年末金融机构各项贷款余额与居民储蓄存款余额之和与地区生产总值的比值衡量。⑤人口密度（lnpeo）。地区人口的数量会影响银行营业网点的设立，人口密度越大金融需求越旺盛，促进传统银行竞争，人口密度使用县域总人口与县域行政土地面积的对数形式衡量。⑥经济发展水平（lnGDP）。经济发展离不开金融支持，经济发展水平提升对资金需求增强，采用地区生产总值对数形式作为经济发展水平的代理变量。其中，人口密度、经济发展水平两个变量数据的绝对值较大，故将其取对数。各变量的具体定义如表6-1所示。

表6-1 第六章变量名称、定义及符号

变量		变量定义	变量符号
被解释变量	传统银行竞争水平	赫芬达—赫希曼指数（即HHI指数）定义为公式（6-1）	HHI
解释变量	数字金融发展水平	北京大学数字普惠金融总指数的对数形式	lnfintech
	覆盖广度	北京大学数字普惠金融覆盖广度指数的对数形式	lncover
	使用深度	北京大学数字普惠金融使用深度指数的对数形式	lnusage
	数字化程度	北京大学数字普惠金融数字化程度指数的对数形式	lndigital
控制变量	政府支持	一般公共预算支出/地区生产总值	gov
	产业结构	第一产业增加值/地区生产总值	ind1
		第三产业增加值/地区生产总值	ind3
	人力资本	县中小学在校人数/户籍总人口	edu
	金融发展深度	（年末金融机构各项贷款余额+居民储蓄存款余额）/地区生产总值	tra
	人口密度	县域总人口/县域行政土地面积的对数形式	lnpeo
	经济发展水平	地区生产总值对数形式	lnGDP

三、空间权重矩阵的构建

空间权重矩阵是空间模型回归的重要部分，借助冯林等（2016）做法，基于空间相邻原则、行政隶属关系和空间地理距离构建了4个空间权重矩阵。

（一）空间相邻矩阵 W_1

在空间地理上相邻是县域金融产生空间关联的基本原因。利用GeoDa软件，根据县域之间在空间上是否邻接生成的对称矩阵，若县域i与县域j相邻则取值为1，不相邻则取值为0，对角线元素为0。如下：

$$W_1 = w_{i,j} = \begin{cases} 1, & \text{县域 i 与县域 j 相邻} \\ 0, & \text{县域 i 与县域 j 不相邻} \end{cases} \quad (6-2)$$

（二）行政隶属关系矩阵 W_2 和 W_3

属于同一市的县域之间银行机构面临的金融环境基本一致，数字金融对传统银行竞争的空间溢出效应可能较弱，而属于同一市的相邻县域之间可能存在竞争或合作关系，影响数字金融对传统银行竞争的空间溢出效应。因此，构建了属于同一市的空间权重矩阵 W_2 和属于同一市且相邻的空间权重矩阵 W_3，检验数字金融对传统银行竞争影响的空间溢出效应是否存在差异。W_2 中属于同一地级市的县取值为 1，其余元素为 0；同理，W_3 中属于同一地级市的相邻县取值为 1，否则为 0。如下：

$$W_2 = w'_{i,j} \begin{cases} 1, & \text{县域 i 与县域 j 属于同一市} \\ 0, & \text{县域 i 与县域 j 不属于同一市} \end{cases} \quad (6-3)$$

$$W_3 = w''_{i,j} \begin{cases} 1, & \text{县域 i 与县域 j 属于同一市且相邻} \\ 0, & \text{其他} \end{cases} \quad (6-4)$$

（三）空间地理距离矩阵 W_4

根据地理学第一定律，所有事物均存在关联性，但事物之间的关联性并非一致，空间地理距离越近的县域间空间关联性越强，随着空间地理距离的增大，县域间空间关联性减弱。为观察县域间空间地理距离不同，数字金融发展水平对县域银行竞争的影响，构建了空间地理距离矩阵 W_4。W_4 的矩阵元素设定为两个县域之间的球面距离的倒数，对角线元素设置为 0。如下：

$$W_4 = w'''_{i,j} \begin{cases} \dfrac{1}{d_{i,j}}, & \text{县域 i 与县域 j 球面距离的倒数} \\ 0, & \text{其他} \end{cases} \quad (6-5)$$

此外，对空间权重矩阵 $W_1 \sim W_4$ 进行了标准化处理，使每行元素之和均为 1，消除了空间权重矩阵量纲影响。

四、空间杜宾模型的设定

由于资源要素的流动，数字金融的发展对本县传统银行竞争的产生影响的同时，可能会对县域外其他地区产生溢出效应，在选择模型时要考虑解释变量与被解释变量的空间溢出效应，因此采用空间杜宾模型，具体构建等式如下：

$$HHI_{i,t} = \alpha t_n + \rho W_i HHI_{i,t} + \theta_1 X_{i,t} + \theta_2 W_i X_{i,t} + \beta_1 \pi_{i,t} + \beta_2 W_i \pi_{i,t} + \varepsilon_{i,t} + \mu_{i,t} + \sigma_{i,t} \quad (6-6)$$

式中，$HHI_{i,t}$ 是被解释变量 i 县在年度 t 的传统银行竞争水平。$W_i HHI_{i,t}$ 是被

解释变量 $HHI_{i,t}$ 的空间滞后项，主要体现县域间传统银行竞争的空间关联性。ρ 表示空间自相关系数，体现县域间传统银行竞争相互影响的方向和程度。其中，$W_i = \sum\limits_{j=1}^{n} w_{i,j}$ 是 $n \times n$ 阶空间权重矩阵。i，j 表示不同的县，t 为年份。$X_{i,t}$ 是解释变量 i 县在年度 t 数字金融发展水平，θ_1 是对应的参数变量。$W_i X_{i,t}$ 是解释变量的滞后项，用来表示本县数字金融发展水平对其他县传统银行竞争的影响，影响的方向和程度用 θ_2 表示。$\pi_{i,t}$ 为控制变量，β_1 为控制变量的影响系数。$W_i \pi_{i,t}$ 为控制变量的滞后项，其影响系数用 β_2 表示。$\varepsilon_{i,t}$ 为随机误差项，服从期望值为 0，方差为 σ^2 的标准正态分布，$\mu_{i,t}$ 为时间固定效应。$\sigma_{i,t}$ 为地区固定效应。t_n 为 $n \times 1$ 阶单位矩阵，α 为常数项；n 为研究县域的总个数。

第四节　实证结果分析

一、描述性统计分析

本章对各个变量进行描述性统计，结果如表 6-2 所示，各变量均表现为区域差异。HHI 指数最大值为 1，最小值为 0.234，表明县域传统银行竞争存在较大地域差异，有些地区传统银行机构完全垄断（如西部地区），而有些地区传统银行机构竞争激烈（如东部地区）。政府支持的最小值和最大值差别更大，这反映了不同地区政府这只"有形的手"支持金融市场的强度不同。由于数字金融发展程度进行了对数化处理，整体差别较小，但也存在地区发展不平衡问题。因此，引入空间地理因素对数字金融、政府支持和县域传统银行竞争水平三者关系进行分析，具有一定的现实意义和理论意义。

表 6-2　第六章变量描述性统计

变量	样本量	平均值	中位数	标准差	最小值	最大值
传统银行竞争水平	7656	0.420	0.391	0.120	0.234	1.000

续表

变量	样本量	平均值	中位数	标准差	最小值	最大值
数字金融发展水平	7656	4.603	4.611	0.105	4.201	4.963
覆盖广度	7656	4.508	4.503	0.060	4.051	4.756
使用深度	7656	4.747	4.773	0.195	3.924	5.278
数字化程度	7656	4.589	4.646	0.197	2.988	5.216
政府支持	7656	0.321	0.234	0.298	0.005	3.941
第一产业占比	7656	0.184	0.169	0.109	0.000	0.735
第三产业占比	7656	0.422	0.418	0.108	0.091	0.910
人力资本	7656	0.113	0.111	0.034	0.024	0.399
金融发展深度	7656	1.649	1.499	0.803	0.061	10.515
人口密度	7656	5.177	5.404	1.418	-2.176	8.437
经济发展水平	7656	14.095	14.126	1.044	10.079	17.516

二、空间自相关检验

空间自相关是检验是否可以运用空间模型进行分析的关键一步，本章利用全局 Moran's I 指数检验 2016~2019 年 1914 个县（市、旗）的县域传统银行竞争水平、数字金融发展水平、覆盖广度、使用深度、数字化程度、政府支持的空间自相关性。全局莫兰指数的计算方法如下：

$$\text{全局 Moran's I 指数} = \frac{n\sum_{i=1}^{n}\sum_{j=1}^{n}w_{i,j}(x_i-x)(x_j-x)}{\sum_{i=1}^{n}\sum_{j=1}^{n}w_{i,j}\sum_{i=1}^{n}(x_i-x)^2} \tag{6-7}$$

式中，n 为所研究样本的总数；$w_{i,j}$ 为根据相邻原则构建的空间相邻矩阵 W_1；x_i 为 i 县域的相关变量；x_j 为 j 县域的相关变量；x 为相应变量的均值。Moran's I 指数的取值位于-1 和 1 之间，若 Moran's I 指数>0，则相应变量存在空间正相关，即高—高、低—低邻接。相邻的县域间存在空间集聚，若相关变量在本地区发展水平较高，则在其周围地区该变量发展水平也较高；若相关变量在本地区发展水平较低，则在其周围地区该变量发展水平也较低。若 Moran's I 指数=0，则说明相关变量不存在空间关联性，呈随机分布状态；若 Moran's I 指数<0，

则相关变量存在空间负相关性，差异较大的县域邻接，即高—低，低—高邻接。若相关变量在本地区发展水平较高，则在其周围地区该变量发展水平较低；若相关变量在本地区发展水平较低，则在其周围地区该变量发展水平较高。

检验结果如表6-3所示。县域传统银行竞争水平、数字金融发展水平、覆盖广度、使用深度、数字化程度、政府支持都存在显著的空间正相关性，即传统银行竞争程度、数字金融发展水平和政府支持程度在本县较高则其在周围地区也较高，在本县较低则其在周围地区也较低，呈现高—高集聚和低—低集聚的特征，表明可以考虑引入空间地理因素进一步分析数字金融对传统银行竞争的空间影响。采用极大似然法的空间杜宾模型进行估计空间面板数据，基于4个空间权重矩阵分别做了随机效应、个体固定效应、时间固定效应、双向固定效应的空间杜宾模型，经 Hausman 检验和 LR 检验，选取了估计效果最好的时间和地区双向固定的空间杜宾模型进行空间效应分析。

表6-3　2016~2019 年主要变量的全局莫兰指数

变量	变量符号	空间自相关指标	2016 年	2017 年	2018 年	2019 年
传统银行竞争水平	HHI	Moran's I	0.341***	0.354***	0.346***	0.346***
		p 值	0.000	0.000	0.000	0.000
		Z 值	22.886	23.776	23.246	23.240
数字金融发展水平	lnfintech	Moran's I	0.626***	0.663***	0.671***	0.704***
		p 值	0.000	0.000	0.000	0.000
		Z 值	41.895	44.373	44.919	47.136
覆盖广度	lncover	Moran's I	0.517***	0.446***	0.475***	0.561***
		p 值	0.000	0.000	0.000	0.000
		Z 值	34.615	29.895	31.829	37.522
使用深度	lnusage	Moran's I	0.793***	0.802***	0.743***	0.767***
		p 值	0.000	0.000	0.000	0.000
		Z 值	53.068	53.632	49.743	51.328
数字化程度	lndigital	Moran's I	0.250***	0.300***	0.368***	0.484***
		p 值	0.000	0.000	0.000	0.000
		Z 值	16.757	20.147	24.662	32.393

变量	变量符号	空间 自相关指标	2016 年	2017 年	2018 年	2019 年
政府干预	gov	Moran's I	0.642***	0.629***	0.605***	0.579***
		p 值	0.000	0.000	0.000	0.000
		Z 值	43.207	42.268	40.736	38.991

注：***、**、* 分别表示 1%、5%、10%的显著性水平。本章下同。

三、数字金融对县域传统银行竞争的空间结果分析

基于相邻县空间权重矩阵 W_1 得出表 6-4 中的空间估计结果，方程（1）表示数字金融总指数对传统银行竞争的影响，方程（2）~方程（4）分别表示数字金融覆盖广度、使用深度、数字化程度对县域传统金融竞争的影响。方程（1）~方程（4）中被解释变量的空间自相关系数 ρ 值均表现为 1%水平的显著，说明相邻县域之间传统银行竞争存在空间正相关关系，即本县的传统银行竞争增强，相邻县的传统银行竞争也随之增加。本章主要目的是考察数字金融对县域传统银行竞争的空间溢出效应，并且被解释变量的空间自相关系数 ρ 值显著且不为零，若直接采用解释变量及其空间滞后项进行衡量数字金融总指数及三个维度对传统银行竞争的空间溢出效应，结果并不精确。因为解释变量的空间滞后项表示的间接效应，不仅包括溢出效应还包含反馈效应，并不能反映真实的溢出效果。因此，借鉴 LeSage 和 Pace（2009）的研究结果，将解释变量对被解释变量的空间溢出效应分为平均直接效应、平均间接效应、平均总效应进行分析。

表 6-4　数字金融总指数及其三个维度对传统银行竞争的影响

变量		方程（1）	方程（2）	方程（3）	方程（4）
rho		0.139***	0.138***	0.137***	0.139***
直接效应	lnfintech	−0.042*** (0.010)			
	lncover		−0.015 (0.012)		

续表

变量		方程（1）	方程（2）	方程（3）	方程（4）
直接效应	lnusage			−0.025*** （0.007）	
	lndigital				−0.008*** （0.002）
	gov	−0.008*** （0.002）	−0.008*** （0.002）	−0.009*** （0.002）	−0.008*** （0.002）
	ind1	−0.028*** （0.009）	−0.029*** （0.009）	−0.027*** （0.009）	−0.029*** （0.009）
	ind3	−0.028*** （0.005）	−0.029*** （0.005）	−0.029*** （0.005）	−0.028*** （0.005）
	tra	0.001 （0.001）	0.001 （0.001）	0.001 （0.001）	0.001 （0.001）
	edu	−0.050* （0.028）	−0.052* （0.028）	−0.054* （0.028）	−0.052* （0.028）
	lnpeo	0.001 （0.006）	0.001 （0.006）	0.001 （0.006）	0.001 （0.006）
	lnGDP	−0.013*** （0.002）	−0.014*** （0.002）	−0.013*** （0.002）	−0.014*** （0.002）
间接效应	lnfintech	0.070*** （0.015）			
	lncover		−0.004 （0.021）		
	lnusage			0.041*** （0.008）	
	lndigital				0.014*** （0.004）
	gov	−0.010** （0.005）	−0.009** （0.005）	−0.010** （0.005）	−0.010** （0.005）
	ind1	−0.019 （0.015）	−0.019 （0.015）	−0.020 （0.015）	−0.018 （0.015）
	ind3	0.021** （0.009）	0.021** （0.009）	0.022** （0.009）	0.021** （0.009）

变量		方程（1）	方程（2）	方程（3）	方程（4）
间接效应	tra	−0.013 *** (0.002)	−0.012 *** (0.002)	−0.013 *** (0.002)	−0.013 *** (0.002)
	edu	0.065 (0.052)	0.085 (0.052)	0.079 (0.052)	0.072 (0.052)
	lnpeo	−0.027 *** (0.009)	−0.025 *** (0.009)	−0.026 *** (0.009)	−0.026 *** (0.009)
	lnGDP	−0.013 *** (0.004)	−0.011 *** (0.004)	−0.012 *** (0.004)	−0.012 *** (0.004)
总效应	lnfintech	0.028 * (0.015)			
	lncover		−0.019 (0.023)		
	lnusage			0.016 * (0.008)	
	lndigital				0.006 (0.004)
	gov	−0.018 *** (0.005)	−0.018 *** (0.005)	−0.018 *** (0.005)	−0.018 *** (0.005)
	ind1	−0.047 *** (0.015)	−0.048 *** (0.015)	−0.047 *** (0.015)	−0.047 *** (0.015)
	ind3	−0.007 (0.009)	−0.007 (0.009)	−0.007 (0.009)	−0.007 (0.009)
	tra	−0.012 *** (0.002)	−0.012 *** (0.002)	−0.012 *** (0.002)	−0.012 *** (0.002)
	edu	0.015 (0.053)	0.034 (0.053)	0.024 (0.053)	0.020 (0.053)
	lnpeo	−0.026 *** (0.010)	−0.024 ** (0.010)	−0.025 ** (0.010)	−0.025 ** (0.010)
	lnGDP	−0.026 *** (0.004)	−0.025 *** (0.004)	−0.026 *** (0.004)	−0.026 *** (0.004)
AIC		−42350.690	−42321.770	−42347.430	−42339.280
BIC		−42225.710	−42196.790	−42222.450	−42214.300

变量	方程（1）	方程（2）	方程（3）	方程（4）
Log-likelihood	21193.340	21178.880	21191.710	21187.640
N	7656	7656	7656	7656

注：括号内的数值为标准差。本章下同。

数字金融总指数及其三个维度对县域传统银行竞争的平均直接效应。从表6-4结果可知，数字金融总指数、使用深度和数字化程度对本县传统银行竞争的直接效应均表现为促进作用，本县数字金融覆盖广度对县域内传统银行竞争的促进作用不显著。由于北京大学数字普惠金融指数是北京大学与蚂蚁集团研究院合作基于蚂蚁金服数据编制的，数字金融的覆盖广度主要通过支付宝账户数量及绑卡数量衡量的（郭峰等，2020），覆盖广度越高，表明可触达的客户范围越广。但在我国县域地区，由于习惯、偏好等原因居民办理存贷款等金融业务主要在银行网点办理，对银行的信任度远高于数字金融；并且大多数居民只是使用支付宝进行日常支付，对传统银行业务没有产生显著影响，所以数字金融的覆盖广度对县域传统银行竞争的促进作用不显著。数字金融使用深度反映客户对数字金融产品的应用情况，如支付、货币基金、信贷、保险、投资等，数字化程度主要的衡量指标包括移动支付、花呗支付、二维码支付、芝麻信用免押金额等（郭峰等，2020）。数字金融使用深度数值越大说明金融产品越丰富，越能激发银行机构的学习效仿，推出更多金融产品，满足客户多样化的需求，再加上居民对银行的依赖度较大，所以数字金融使用深度会促进本县传统银行的发展。数字金融数字化程度对本县传统银行竞争的促进作用小于使用深度，这是因为随着互联网技术进步，传统银行开始转型，加大科技研发投入，开通线上平台，缩小了数字金融与传统银行之间的差距，数字金融对传统银行的技术溢出逐渐减少，所以数字化程度对传统银行竞争促进作用较小。

在间接效应和总效应方面，相邻县数字金融发展水平、使用深度及数字化程度对本县传统银行竞争均产生了抑制作用。一方面，我国数字技术的快速发展促使传统银行业务转为线上，利用数字技术的便捷性、普惠性、缓解信息不对称等优势（袁鲲和曾德涛，2021），打破地域限制，扩大客户覆盖范围，使得相邻县之间金融资源流动性更强，再加上交通的便捷、线上业务的开展，相邻县可以共享银行网点资源。另一方面本县数字金融发展会促进当地银行竞争，营业网点增加，银行为追求利润最大化、降低成本，会减少相邻县网点的设立，进而对相邻县传统银行的竞争产生抑制作用。由于县域内数字金融的正向空间溢出效应被相邻县域间的负向间接效应所抵消，所以数字金融对县域传统银行竞争的总效应表现为抑制作用，表明数字金融对本县传统银行竞争的促进作用小于对相邻县银行竞争的抑制作用。随着数字技术发展，相邻县之间金融资源流动性增强，以往增加网点扩大经营范围的方式已不再适合银行发展，银行应积极线上转型、加大业务创新，满足客户多样化需求。以上分析验证了假设 6-1 和假设 6-2。

控制变量对县域传统银行竞争的空间溢出效应。政府支持促进本县和相邻县传统银行竞争，说明相邻县政府之间通过学习借鉴经验、合力信用建设、优化金融环境等方式促进相邻县之间银行的发展。产业结构中第一产业和第三产业的发展都促进了本县传统银行竞争，间接效应中只有第三产业的发展对相邻县产生了负向的空间溢出效应。由于从事第一产业生产的多为当地农民，对资金需求较小，主要在县域内银行办理金融业务；而第三产业流动性大，对资金需求多，不仅有利于本县传统银行间业务竞争，还会吸引相邻县金融资源流出，抑制相邻县传统银行竞争。人力资本促进本县传统银行竞争，对相邻县没有产生空间溢出效应。这说明受教育水平的提升会增加居民的金融素养，对金融服务产生更多的需求，促进本县银行发展，但人力资本在县域之间流动性不强，对相邻县没有产生空间溢出效应。金融发展深度和人口密度对本县传统银行竞争影响不稳健，对相邻县有正向的空间溢出效应。经济发展水平对本县和相邻县传统金融竞争均表现为促进作用。

四、差异化分析

基于在行政隶属关系中属于同一市的空间权重矩阵 W_2、属于同一市且相邻的空间权重矩阵 W_3 以及空间地理距离矩阵 W_4，进一步分析数字金融对县域传统银行竞争的空间溢出效应。结果如表 6-5 所示，各个权重矩阵下的传统银行竞争的空间自相关系数均显著为正，其中，属于同一市的传统银行竞争空间自相关系数大于属于同一市且相邻的空间自相关系数，说明市级政府统筹下，属于同一市的县域之间传统银行竞争空间关联性增强；基于空间地理距离矩阵 W_4 的空间自相关系数最大，说明空间地理距离越近的县域之间传统银行竞争的关联性越强。

表 6-5　基于不同空间权重矩阵的空间溢出效应分解结果

变量	变量	W_2	W_3	W_4
	rho	0.178***	0.135***	0.635***
直接效应	lnfintech	−0.027*** (0.010)	−0.031*** (0.010)	−0.023** (0.010)
间接效应	lnfintech	0.005 (0.012)	0.027*** (0.008)	−0.148 (0.718)
总效应	lnfintech	−0.022 (0.015)	−0.004 (0.012)	−0.171 (0.717)
控制变量	是	是	是	是
控制时间	是	是	是	是
控制地区	是	是	是	是
LL		21201.460	21266.070	21142.380
AIC		−42366.910	−42496.150	−42248.770
BIC		−42241.930	−42371.170	−42123.790
观测值		7656	7656	7656

（一）基于行政隶属关系矩阵的空间溢出效应

从行政隶属关系上分析，属于同一市且相邻的县域之间数字金融发展对相邻县传统银行竞争产生了负向空间溢出效应，间接效应与直接效应相互抵消使得总效应不显著。与基于空间相邻矩阵 W_1 的结果相比，数字金融对相邻县传统银行竞争的负向溢出效应明显减弱，且小于对本县传统银行竞争的促进作用。这说明为了行政区域内各县域协调发展，市级政府在制定和实施金融政策时会综合考虑行政范围内所有县域的实际情况，使得属于同一市的县域处于相似的金融环境，县域政府有了更多合作机会，减少金融资源的争夺，数字金融对相邻县传统银行竞争的负向溢出效应减弱。而在相邻县域之间金融资源流动性较大，数字金融促进本县传统银行发展，吸引邻县金融资源流入，对相邻县传统银行竞争产生抑制作用。

（二）基于空间地理距离矩阵的空间溢出效应

从空间地理距离角度分析，直接效应中数字金融对本县传统银行竞争的影响没有发生变化，在间接效应和总效应中数字金融发展对周边地区抑制作用不显著。这说明虽然数字技术具有突破地域限制的特性，但是数字金融在县域地区发展较为缓慢，市场力量较弱，仅对相邻县传统银行竞争产生影响，随着县域行政距离增加数字金融对其他县域传统银行竞争的影响不显著。因此，从以上基于三个空间权重矩阵的空间回归结果看，现阶段数字金融在县域地区的发展仍处于初级阶段，市场力量相对薄弱，数字技术打破地域限制的特性没有得到充分发挥，只有在行政相邻的县域间数字金融对传统银行竞争产生空间溢出效应，随着空间地理距离的增加上述空间溢出效应会削弱；加上市级政府的统筹协调缩小了县域金融发展的差距，数字金融对相邻县传统银行竞争的负向溢出效应减弱。因此，在建设全国统一大市场过程中上级政府加强顶层设计尤为重要，由此验证了假设6-3。

（三）县域政府支持强弱对空间溢出效应的影响

由以上基于行政隶属关系权重矩阵和空间地理距离矩阵的结果可知，市级政府统筹协调下数字金融对相邻县传统银行竞争的空间溢出效应减弱，数字金融在县域地区发展较为缓慢，只有在行政相邻的县域间存在空间溢出效应，促进本县传统银行竞争，而对相邻县传统银行竞争起抑制作用，这是否与相邻县域间政府存在竞争或合作关系而支持金融市场有关？因而，进一步考察县域政府支持下数字金融对县域传统银行竞争的空间溢出效应。按照1914个县（市、旗）2016~2019年政府支持指标的均值，将样本划分为政府支持程度强的县和政府支持程度弱的县两组，空间权重矩阵均划分为相对应的两组，进行实证检验，结果如表6-6所示。

首先，对空间相邻矩阵按政府支持程度强弱分组（W'_1-W''_1）的结果中，与政府支持程度较弱的县相比，政府支持程度强的县域，数字金融对本县传统银行竞争的影响效果明显增强，而政府支持程度弱的县直接效应不显著。这表明缺少了当地政府的大力支持，数字金融进入县域金融市场较为困难，数字金融对本县传统银行竞争的促进作用还需要当地政府适当加强支持。两组间接效应均不显著，而总效应中只有政府支持程度强的组结果显著，并且总效应大于直接效应，且方向均显著为正，说明相邻县政府之间呈现合作关系。

其次，对行政隶属关系矩阵按政府支持程度强弱分组（W'_2-W''_3）的结果中，在县域政府增加支持程度时，属于同一市的县数字金融对传统银行竞争的平均直接效应、间接效应和总效应均显著为正。这表明由于市级政府的统筹协调，县域政府在支持金融市场时偏向于采用合作型金融政策，并且这种合作关系不会因为地理上的不相邻而削弱（冯林等，2016）。属于同一市的县域政府加强对金融市场的支持，会使数字金融对县域内和县域外传统银行竞争产生正向溢出效应。

最后，对空间地理距离矩阵按政府支持程度强弱分组（W'_4-W''_4）结果中，在政府支持程度加强时，数字金融对传统银行竞争的平均直接效应、间接效应以及总效应均为正向。与前文基于空间地理距离矩阵（W_4）的结果相比，证明了数字金融对县域传统银行竞争的空间溢出效应与政府支持程度有关，政府适当增加支持程度可以使数字金融对县域外传统银行竞争产生正向空间溢出效应，空间地理距离近的县域之间以合作性政策为主。以上分析表明县域政府在可控风险范围内适当增加对金融市场的支持程度，将数字金融引入县域金融市场，增强传统银行间竞争力，激发金融市场活力。由此验证了假设6-4。

表6-6　按政府支持程度强弱分组下空间溢出效应分解结果

变量	空间权重矩阵	直接效应	间接效应	总效应
		lnfintech	lnfintech	lnfintech
相邻县政府支持程度强	W'_1	−0.081*** （0.021）	−0.024 （0.019）	−0.104*** （0.025）
相邻县政府支持程度弱	W''_1	0.007 （0.010）	−0.005 （0.012）	0.002 （0.015）

续表

变量	空间权重矩阵	直接效应 lnfintech	间接效应 lnfintech	总效应 lnfintech
属于同一市政府支持程度强	W'_2	-0.077 *** (0.022)	-0.036 ** (0.018)	-0.113 *** (0.024)
属于同一市政府支持程度弱	W''_2	-0.002 (0.010)	0.029 *** (0.010)	0.027 * (0.142)
属于同一市政府且相邻政府支持程度强	W'_3	-0.083 *** (0.021)	-0.004 (0.011)	-0.087 *** (0.021)
属于同一市政府且相邻政府支持程度弱	W''_3	0.002 (0.010)	0.009 (0.007)	0.011 (0.013)
空间地理距离政府支持程度强	W'_4	-0.055 *** (0.023)	-0.317 *** (0.144)	-0.373 *** (0.136)
空间地理距离政府支持程度弱	W''_4	0.004 (0.011)	0.131 (0.709)	0.136 (0.708)

五、稳健性检验

本章通过更换被解释变量检验数字金融对县域传统银行竞争空间溢出效应结果的稳健性，借鉴王雪和何广文（2019）的做法，使用县域前两大银行的集中度指数（简称 CR2 指数）衡量县域传统银行竞争水平，CR2 指数为县域内前两大银行网点数量之和与所有银行网点总数的比值，CR2 指数取值在 0 到 1 之间，数值越小，表明银行间竞争越大，检验结果如表 6-7 所示。根据表中的分解结果，数字金融总指数及三个维度对传统银行竞争的平均直接效应、间接效应和总效应与方程（1）~方程（4）的结果基本保持一致，均表现为数字金融促进本县传统银行竞争，抑制相邻县传统银行竞争，结果较为稳健。

表 6-7　数字金融对县域传统银行竞争影响的稳健性检验结果

变量		方程（5）	方程（6）	方程（7）	方程（8）
直接效应	lnfintech	-0.049 *** (0.017)			
	lncover		-0.051 *** (0.020)		

续表

变量		方程（5）	方程（6）	方程（7）	方程（8）
直接效应	lnusage			−0.023** （0.011）	
	lndigital				−0.007** （0.004）
	gov	−0.010** （0.004）	−0.010** （0.004）	−0.010*** （0.004）	−0.001** （0.004）
	ind1	0.017 （0.015）	0.017 （0.015）	0.020 （0.015）	0.017 （0.015）
	ind3	−0.017** （0.008）	0.017** （0.008）	−0.017** （0.008）	−0.017** （0.008）
	tra	0.001 （0.001）	0.001 （0.001）	0.001 （0.001）	0.001 （0.001）
	edu	−0.100** （0.045）	0.101** （0.045）	−0.108** （0.045）	−0.101** （0.045）
	lnpeo	−0.009 （0.009）	−0.009 （0.009）	−0.010 （0.009）	−0.008 （0.009）
	lnGDP	−0.001 （0.004）	−0.001 （0.004）	−0.000 （0.004）	−0.001 （0.004）
间接效应	lnfintech	0.036* （0.022）			
	lncover		0.058* （0.032）		
	lnusage			0.042*** （0.013）	
	lndigital				−0.006 （0.006）
	gov	0.008 （0.007）	0.007 （0.007）	0.008 （0.007）	0.008 （0.007）
	ind1	−0.036* （0.022）	−0.035 （0.022）	−0.036 （−0.022）	−0.035 （0.022）
	ind3	0.030** （0.014）	0.031** （0.014）	0.032** （0.014）	0.032** （0.014）

续表

	变量	方程（5）	方程（6）	方程（7）	方程（8）
间接效应	tra	−0.019*** (0.002)	−0.019*** (0.002)	−0.019*** (0.002)	−0.019*** (0.002)
	edu	0.083 (0.778)	0.075 (0.078)	0.080 (0.077)	0.098 (0.078)
	lnpeo	0.024* (0.014)	0.022 (0.014)	0.023 (0.014)	0.025* (0.014)
	lnGDP	−0.029*** (0.006)	−0.029*** (0.006)	−0.029*** (0.006)	−0.028*** (0.006)
总效应	lnfintech	−0.013 (0.022)			
	lncover		0.007 (0.033)		
	lnusage			0.019 (0.012)	
	lndigital				−0.013** (0.006)
	gov	−0.002 (0.007)	−0.002 (0.007)	−0.002 (0.007)	−0.002 (0.007)
	ind1	−0.019 (0.022)	−0.018 (0.022)	−0.016 (0.022)	−0.018 (0.022)
	ind3	0.013 (0.013)	0.014 (0.013)	0.014 (0.013)	0.014 (0.013)
	tra	−0.018*** (0.003)	−0.018*** (0.003)	−0.019*** (0.003)	−0.018*** (0.003)
	edu	−0.017 (0.077)	0.025 (0.003)	−0.028 (0.076)	−0.003 (0.077)
	lnpeo	0.015 (0.015)	0.013 (0.015)	0.013 (0.014)	0.017 (0.014)
	lnGDP	−0.029*** (0.006)	−0.030*** (0.006)	−0.030*** (0.006)	−0.029*** (0.006)
控制时间		是	是	是	是
控制地区		是	是	是	是
观测值		7656	7656	7656	7656

第五节 本章小节

本章利用 2016~2019 年全国 1914 个县（市、旗）的空间面板数据，运用地区和时间双向固定的空间杜宾模型，实证检验了数字金融发展水平及覆盖广度、使用深度、数字化程度三个维度对县域传统银行竞争的空间溢出效应，并进一步分析政府支持下数字金融对县域传统银行竞争的空间影响，力图揭示数字金融、政府支持和县域传统银行竞争三者之间的关系。主要结论如下：

第一，数字金融对县域传统银行竞争的影响在相邻县之间存在空间溢出效应，数字金融发展水平、使用深度、数字化程度对本县传统银行竞争有正向溢出效应；对相邻县传统银行竞争均为负向溢出效应。

第二，通过从行政隶属关系和空间地理距离两个角度进行差异化分析发现，数字金融对县域传统银行竞争的空间溢出效应与政府支持和行政距离有关。市级政府统筹协调下数字金融对相邻县传统银行竞争的负向溢出效应减弱，加上现阶段数字金融在县域地区市场力量较弱，随着空间地理距离增加空间溢出效应不显著，上述空间溢出效应只存在于行政相邻县域之间，但市级政府的支持有助于县域金融市场均衡发展。

第三，县域政府支持会影响数字金融对传统银行竞争的空间溢出效应，县域政府适当加强支持程度会增加数字金融对本县传统银行竞争的促进作用，对县域外传统银行竞争产生正向空间溢出效应，进而表明现阶段县域政府间要加强合作，适度增加对金融市场的支持，有利于金融资源的跨区域流动，推动全国统一大市场的建设。

第七章 政府与市场联动视角下革命老区县域金融市场的空间溢出效应

第一节 研究背景

革命老区是中国革命老根据地的简称。我国现有 1599 个革命老区县（市、区），分布在全国 28 个省份，覆盖全国 1/3 的面积和一半以上的人口。在土地革命和抗战时期，革命老区依靠独特区位优势为中国革命的胜利做出重要贡献，但在经济建设阶段，这些天然的屏障阻碍了当地经济金融发展。其中，金融具有资源配置的功能，是支持革命老区实现共同富裕的重要保障，但革命老区金融发展水平一直落后于全国县域平均水平①（见图 7-1）。

党中央一直特别关注革命老区的发展，但在党的十八大以前，并没有将革命老区与其他欠发达地区严格区分开来，在制定相应的支持政策时，也仅有一般意义上的欠发达地区的支持政策（龚斌磊等，2022）。党的十八大以后，为了推动革命老区发展，我国开始强化顶层设计，注重革命老区政策的整体性及独立性，先是设立赣闽粤原中央苏区、陕甘宁革命老区、左右江革命老区、大别山革命老

---

① 根据刘衡桂等（2017）的方法，采用金融机构年末贷款余额、居民储蓄存款余额之和与 GDP 占比来代表金融的发展水平。

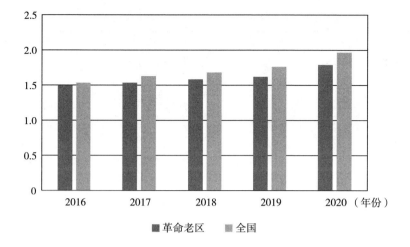

图 7-1　革命老区与全国金融发展水平对比

区和川陕革命老区五大重点革命老区，然后出台关于五大重点革命老区发展的振兴规划（以下简称振兴规划），如表 7-1 所示，并形成"1258"① 的政策支持体系。2021 年出台《关于新时代支持革命老区振兴发展的意见》增加重点革命老区的数量，从"1258"的政策支持体系转变为"1+N+X"的政策体系，进一步对特殊重点老区予以支持。其中在金融方面，振兴规划指出在安排转移支付、地方政府专项债券时，对革命老区所在省份予以倾斜支持。同时，革命老区的县域政府，也积极发挥主观能动性，通过建立产业引导基金、风险补偿金、地方信用体系等方式，促进当地金融发展。各级政府共同发力，形成了系统化、全面化和层次化的政策支持体系。但中央出台的振兴规划和当地政府财政政策对金融发展的作用效果有何差异仍待进一步评估。

---

① 1258 政策体系是指：1 个总体指导意见《关于加大脱贫攻坚力度支持革命老区开发建设的指导意见》；2 个区域性政策意见《国务院办公厅关于山东沂蒙革命老区参照执行中部地区有关政策的通知》、《国务院关于支持赣南等原中央苏区振兴发展的若干意见》；5 个重点革命老区振兴发展规划；8 个涉及革命老区的片区区域发展与扶贫攻坚规划《大别山片区区域发展与扶贫攻坚规划》、《滇桂黔石漠化片区区域发展与扶贫攻坚规划》、《六盘山片区区域发展与扶贫攻坚规划》、《罗霄山片区区域发展与扶贫攻坚规划》、《吕梁山片区区域发展与扶贫攻坚规划》、《秦巴山片区区域发展与扶贫攻坚规划》、《武陵山片区区域发展与扶贫攻坚规划》、《燕山太行山片区区域发展与扶贫攻坚规划》。

表 7-1　五大重点革命老区振兴发展规划基本情况

名称	规划时间段	批复时间
《陕甘宁革命老区振兴规划》	2012~2020 年	2012 年 3 月
《赣闽粤原中央苏区振兴发展规划》	2014~2020 年	2014 年 3 月
《大别山革命老区振兴发展规划》	2015~2020 年	2015 年 6 月
《左右江革命老区振兴发展规划》	2015~2025 年	2015 年 3 月
《川陕革命老区振兴发展规划》	2016~2020 年	2016 年 7 月

根据空间经济学理论，市场化程度高的金融行业普遍存在地区间的联系。在中央顶层制度设计的指导下，强化了跨省划定的革命老区中的空间关联性（龚斌磊等，2022）。从竞合角度来看，位于革命老区中的县级政府，既要通过地方政策持续促进本县金融发展，又要利用好跨行政区域的中央政策红利。合作型政策可以同时促进县域内外经济发展（冯林和李维邦，2016），是革命老区中县级政府的最优选。因此，对革命老区金融政策空间效应的研究具有很强的理论和实践价值。

在仔细学习研究五大振兴规划的基础上，本章选取规划政策共同覆盖的2016~2020 年全国 1185 个被认定为革命老区的县（市、区）的面板数据，采用多元线性回归和空间杜宾模型分别检验了中央出台的振兴规划和革命老区县级地方政府财政政策对当地金融发展水平的影响效果。本章可能的边际贡献在于：一是兼顾了革命老区县（市、区）金融发展的空间分异特征和空间依赖性，定量衡量了振兴规划和当地财政支出对金融发展的影响及溢出效应，为优化革命老区相关金融支持政策提供理论支撑；二是讨论了中央和地方政府政策对金融市场效果的异同点，丰富了金融分权相关研究；三是地理距离矩阵下的讨论，检验了政策影响与市场发展的关系，其揭示的普遍性内涵为欠发达地区发展金融市场支持实体经济发展提供经验参考。

第二节　提出假设

前期研究发现，在我国，对特定地区制定发展规划，并投入财力物力等物质基础能够在一定程度上促进落后地区的经济金融发展（Jia et al.，2020；Li et al.，2021）。党的十八大以来，中央出台的 5 个重点革命老区振兴规划对革命老区的经济发展进行了全面性、系统性的部署，激发了其内在发展动力，有助于促进革命老区金融发展、缩小区域发展差异。同时，结合县域金融资源具有很强流动性和集聚性（冯林等，2016）的特点，跨行政区域的振兴规划加强了区域金融空间联系，使得革命老区县域金融发展也存在空间溢出效应。基于此，提出假设如下：

假设 7-1：振兴规划对革命老区金融发展的空间溢出效应具有显著的促进作用。

在地方政府财政支持与金融发展关系的研究中，一方面，针对我国金融市场的不均衡发展特点，诸多学者认为政府财政支持是推进金融市场改革的必要手段，金融市场对当地政府财政政策具有内生要求，政府财政政策可以有机融入市场机制中，提高金融发展水平（马勇和陈雨露，2014）。汪雯羽和贝多广（2022）发现政府政策具有调节作用，在一定程度上可以纠正金融发展过程中出现的使命漂移和无序扩张，促进金融市场均衡发展，使长尾客户获得金融服务。另一方面，学术界的主流观点认为在分税制改革以后地方政府财政实力弱化，基于发展经济和政治晋升的动机地方政府一般会通过制定相应的财政政策促进金融市场（姚耀军和彭璐，2013）。冯林等（2016）将地方政府的政策分为"合作型政策"和"掠夺型政策"两类。"合作型政策"会促进县域内外的金融聚集，而"掠夺型政策"对县域内外的影响相反。革命老区也符合县域发展的基本规律。对于革命老区县级政府来说，振兴规划顶层设计中已经充分体现了跨行政区域的特点，鼓励革命老区跨区形成合力，当地政府也会在此指导下，选择合作型政策，通过采用补贴奖励政策、搭建信息服务平台、建设信用体系等积极的政策支持措施，促进县级间合作吸引金融资源流入本县，从而构造中央和地方政策注地。基于此，提出假设如下：

假设 7-2：革命老区当地政府财政政策对金融发展的空间溢出效应具有显著的促进作用。

地理学第一定律（Tobler，1970）指出，所有事物之间都是相互关联的，地区之间并非是完全独立的，而是存在普遍的经济金融联系，空间距离会影响关联程度，县域金融发展空间层面的联系已被大量文献证实，从市场角度来看，空间距离较近的县域，一般具有相似的资源禀赋，有利于金融资源流动依据空间距离的资源流动，也充分体现了市场在资源配置中的重要作用。在地理距离矩阵下，振兴规划以及当地政府财政政策对革命老区金融发展的空间溢出效应也会有一定的正向影响，并且革命老区当地政府财政政策对其他革命老区金融发展的影响会因为地理距离远近的不同而呈现不同的作用效果。基于此，提出假设如下：

假设 7-3：地理距离矩阵下，振兴规划和当地政府财政政策对革命老区金融发展的空间溢出效应具有显著的促进作用。

第三节　研究设计

一、模型构建

（一）基准回归模型构建

为研究政府政策对革命老区金融发展的空间溢出效应的影响，采用 OLS 回归筛选出影响金融发展的显著因素，构建 OLS 如下：

$$y_{i,t} = \alpha_i X_{i,t} + \alpha_0 + \varepsilon_{i,t}^1 \tag{7-1}$$

式中，$y_{i,t}$ 为因变量金融发展水平，α_0 为常数项，α_i 为回归系数，$X_{i,t}$ 为自变量和控制变量，$\varepsilon_{i,t}^1$ 为随机误差项。

（二）空间杜宾模型构建

考虑自变量与因变量的空间溢出效应，采用空间杜宾模型将空间依赖性纳入模型，解决因变量之间存在的内生交互效应，在估计政府政策对革命老区金融发展空间溢出效应影响的同时还能揭示革命老区县级政府选择政策的倾向性，构建空间杜宾模型如下：

$$y_{i,t} = \theta l_n + \rho W_i y_{i,t} + \sum_1^j \beta_j X_{i,t} + \sum_1^j \beta_j W_i X_{i,t} + \varepsilon_{i,t}^2 + \mu_{i,t} \tag{7-2}$$

式中，$y_{i,t}$ 是因变量金融发展水平，ρ 是空间自相关系数，$W_i = \sum\limits_{j=1}^{n} w_{i,j}$ 是 n×n 阶空间权重矩阵；i、j 表示不同的县，t 为年份；β_j 为回归系数；$X_{i,t}$ 为自变量和控制变量，包括中央出台的振兴规划和当地政府财政政策、经济基础、人口密度、经济增长以及基础设施建设等指标；$\varepsilon_{i,t}^2$ 是随机误差项，服从期望值为 0，方差为 σ^2 的标准正态分布；$\mu_{i,t}$ 表示时间固定效应；l_n 为 n×1 阶单位矩阵，θ 是常数项，n 为研究县域的总个数。

（三）空间权重矩阵的设定

空间权重矩阵是空间模型回归的重要部分，基于空间相邻原则和地理距离远近构建了两个空间权重矩阵 W_1 和 W_2。

1. 空间相邻矩阵 W_1

利用 GeoDa 软件，根据县域之间在空间上是否邻接生成的对称矩阵，若县域 i 与县域 j 相邻则取值为 1，其余元素均为 0。即：

$$W = w_{i,j} = \begin{cases} 1, & \text{县域 i 与县域 j 相邻} \\ 0, & \text{县域 i 与县域 j 不相邻} \end{cases}$$

2. 地理距离矩阵 W_2

为观察县域间地理距离的不同，政府政策对革命老区金融发展的影响，利用 GeoDa 软件，构建地理距离矩阵 W_2。W_2 的矩阵元素设定为两个县域之间的球面距离倒数的平方，对角线元素设置为 0。即：

$$W_2 = w'''_{i,j} = \begin{cases} \dfrac{1}{d_{i,j}^2}, & \text{县域 i 与县域 j 球面距离平方的倒数} \\ 0, & \text{其他} \end{cases}$$

此外，在运用空间权重矩阵之前，进行了标准化处理，使每行元素之和均为 1，消除权重矩阵量纲影响。

二、数据选取与变量说明

本章的研究对象主要包括 2016～2020 年全国 1185 个被认定为革命老区县（市、区），研究数据主要来源有《中国县域统计年鉴（县市卷）》、中国老区网以及国家基础地理信息数据中心提供的矢量数据。因变量为革命老区金融发展水平，自变量包括振兴规划跟革命老区当地政府财政政策，由于金融发展影响因素较多，在充分考虑数据可获得性的基础上，最终选取 8 个可能的影响因素作为控制变量（见表 7-2）。

表 7-2　第七章变量选取及其说明

变量类型	变量名称	变量定义	变量符号
被解释变量	金融发展水平	（年末金融机构各项贷款余额+居民储蓄存款余额）/地区生产总值	F-size
解释变量	政府政策	地方财政政策：一般公共预算支出/地区生产总值	gov
		振兴规划：该县当年被革命老区振兴规划所覆盖取值为 1，未覆盖取值为 0	re-policy
控制变量	产业结构	第一产业增加值/GDP	ind
	经济基础	居民储蓄存款余额/户籍人口的对数形式	lnsav
	人口密度	人口密度对数形式（人/平方公里）	lnpeo
	经济增长	地区生产总值的对数形式	lnGDP
控制变量	基础设施建设	固定电话数/行政面积的对数形式	lntel
	国家级贫困县	该县当年被纳入国家级贫困县取值为 1，未纳入取值为 0	p-county
	老区类别	中国革命老区网将革命老区分为 1、2、3、4 类，无分类取值为 0	re-classify
	相关规划	当年是被纳入集中连片特困地区名录取值为 1，未纳入取值为 0	con-area

（一）被解释变量

借鉴刘衡桂等（2017）的做法选取金融机构年末贷款余额、居民储蓄存款余额之和与 GDP 占比来作为革命老区金融发展水平指标，即被解释变量。

（二）核心解释变量

本章核心解释变量政府政策支持，包括振兴规划和当地财政政策支持。①中央出台的振兴规划。用 2012 年国家发展改革委出台的 5 个重点革命老区振兴发展规划作为衡量中央的政策支持的指标。若该县当年被振兴规划所覆盖，则取值为 1，未覆盖取值为 0。②革命老区当地政府财政政策支持。政府影响县域金融市场方式多样，但影响的程度与当地政府的财政预算密切相关。参考诸多文献的做法（冯林等，2016），使用一般公共预算支出与地区生产总值的比值作为衡量地方政府财政政策支持的指标。

（三）控制变量

借鉴粟勤和孟娜娜（2019）以及张启正等（2022）的做法，考虑了产业结构、经济基础、人口密度、经济增长、基础设施建设、国家级贫困县、老区类别以及相关规划 8 个控制变量对革命老区金融发展水平的影响。其中，经济基础、人口密度、经济增长以及基础设施建设 4 个变量数据的绝对值较大，故将其取对数。

三、描述性统计

经过精确的数据整理和剔除后，最终选取了全国 1185 个革命老区县（市、旗）2016~2020 年的面板数据进行实证检验，共 5825 个观测值。本章采用对变量进行缩尾处理的办法来减少数据异常值对研究结果的影响。在此基础上对各个变量做了描述性统计，结果如表 7-3 所示，各变量均表现为区域差异，金融发展水平最大值与最小值之间存在较大的差异，表明金融发展水平在革命老区之间也存在较大的地域差异；地方财政支持的最小值为 0.005，最大值为 2.074，均值为 0.261；中央出台的振兴规划的均值为 0.199，反映了不同地区政府这只"有形的手"干预金融市场的强度不同，其他变量之间也存在着显著的差异。因此，对革命老区金融发展水平以及中央和当地政府的政策影响之间的关系进行地理空间分析有一定的现实意义。

表 7-3　第七章变量描述性统计

变量名称	平均值	标准差	最小值	最大值
金融发展水平	1.698	0.791	0.182	10.515
地方财政支持	0.261	0.194	0.005	2.074
政策支持	0.200	0.400	0.000	1.000
产业结构	0.403	0.139	0.013	0.830
经济基础	10.323	0.519	7.025	12.373
人口密度	5.568	1.017	1.115	7.936

续表

变量名称	平均值	标准差	最小值	最大值
经济增长	14.353	0.944	10.854	17.571
人力资本	0.045	0.019	0.001	0.759
基础设施建设	2.815	1.263	-4.729	7.055
欠发达县	0.283	0.450	0.000	1.000
老区类别	2.019	0.937	0.000	4.000
相关规划	0.199	0.399	0.000	1.000

第四节　实证结果分析

一、多重线性基准回归分析

首先，建立面板 OLS 模型，考察振兴规划和当地县政府财政政策对金融发展水平的影响，并结合革命老区的特征控制了产业结构、经济基础、人口密度、经济增长、基础设施建设、国家级贫困县、老区类别以及相关规划等指标。通过方差膨胀因子检验（VIF 检验）发现本模型并不存在多重共线性的问题。其次，为避免模型中可能存在的异方差和序列相关问题对模型估计的影响，采用聚类稳健标准差回归（CR）方式。回归结果如表 7-4 所示，仅考虑振兴规划对革命老区金融发展有正向作用，但并不显著；仅考虑当地政府财政政策对金融发展水平有显著的促进作用。振兴规划与当地政府财政政策配合作用，二者对革命老区金融发展都有显著正向作用。

表7-4　革命老区空间面板的 OLS 模型估计结果

变量	VIF			CR 回归		
	（1）	（2）	（3）	（4）	（5）	（6）
振兴规划	1.170		1.180	0.011 （0.017）		0.037** （0.017）
当地政府财政政策		2.670	2.690		0.975** （0.120）	0.984*** （0.120）
产业结构	1.260	1.410	1.410	-1.772*** （0.062）	-1.445*** （0.071）	-1.451*** （0.071）
经济基础	1.480	1.440	1.480	0.949*** （0.027）	0.937*** （0.027）	0.942*** （0.027）
人口密度	3.280	3.320	3.380	0.281*** （0.015）	0.314*** （0.014）	0.317*** （0.015）
经济增长	2.370	3.020	3.020	-0.530*** （0.015）	-0.403*** （0.017）	-0.403*** （0.017）
基础设施	3.300	3.290	3.310	-0.019 （0.012）	-0.029*** （0.012）	-0.030*** （0.012）
欠发达县	1.140	1.130	1.140	-0.081*** （0.017）	-0.080*** （0.016）	-0.820*** （0.016）
老区类别	1.070	1.050	1.070	0.018* （0.010）	0.023*** （0.009）	0.026*** （0.010）
连片欠发达地区	1.370	1.420	1.480	0.285*** （0.021）	0.198*** （0.021）	0.189*** （0.021）
R^2				0.503	0.524	0.524

注：***、**、*分别表示1%、5%、10%的显著性水平；括号内数值为标准误。本章下同。

二、空间效果分析

（一）Moran's I 指数结果分析

在进行回归分析之前，利用全域 Moran's I 指数和局域 Moran's I 指数散点图对革命老区金融发展水平进行空间自相关检验以及确定其集聚类型。

全域 Moran's I 指数是对被解释变量金融发展水平进行空间自相关检验的指标。全域 Moran's I 指数的最小值为−1，最大值为 1，在这个区间波动，当大于 0 时，表明革命老区相邻县金融发展水平的提高会促进本县的金融发展，小于 0 时表明革命老区相邻县金融发展水平对本县的金融发展具有抑制作用，且 Moran's I 的绝对值越大表明革命老区金融发展水平的空间关联程度越强，反之则越小，当 Moran's I 指数等于 0 时则表明革命老区相邻县之间金融发展水平不相关，呈现随机分布。

局部 Moran's I 指数散点图可以进一步确定革命老区、片区与非片区的县域金融发展水平与其相邻县域金融发展水平的关系。

如表 7-5 所示，革命老区、片区与非片区金融发展的全域 Moran's I 指数显著为正，表明革命老区各个相邻县金融发展之间存在正相关性，为进一步讨论革命老区金融发展集聚的类型提供支撑。如图 7-2 所示，2016 年和 2020 年革命老区金融发展的确存在集聚特征，并且以高—高集聚和低—低为主，表明金融发展水平高的革命老区能够对其他金融发展水平高的革命老区产生正向影响，金融发展水平低的革命老区县级，其周围地区金融发展水平也低，革命老区中某个县域金融水平的提高会带动其临近县域金融水平的提高，这种正向的积极作用可能来源于县域之间的相互学习与合作。

表 7-5 全域 Moran's I 指数

年份	2016	2017	2018	2019	2020
革命老区	0.356*** (0.021)	0.317*** (0.021)	0.353*** (0.021)	0.442*** (0.021)	0.420*** (0.021)
片区	0.205*** (0.055)	0.311*** (0.057)	0.427*** (0.057)	0.438*** (0.057)	0.417*** (0.057)
非片区	0.372*** (0.025)	0.316*** (0.025)	0.347*** (0.025)	0.465*** (0.025)	0.428*** (0.025)

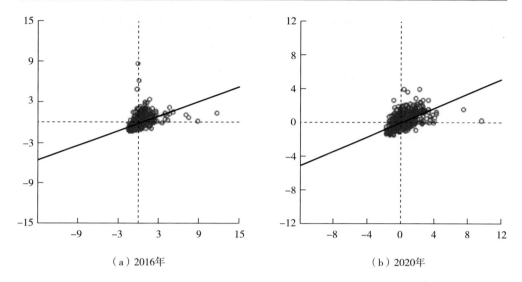

（a）2016年　　　　　　　　　　　（b）2020年

图7-2　2016年和2020年金融发展水平局部 Moran's I 指数

（二）空间杜宾模型分析

由于金融发展在县域间存在空间效应，因此进一步采用空间杜宾模型来分析金融发展水平影响因素的空间溢出效应。通过 Hausman 检验确定选择空间固定模型。表7-6主要包括2种估计结果，方程（7）~方程（9）表示估计结果仅考虑振兴规划和革命老区当地政府财政政策的空间溢出效应，方程（10）~方程（12）在空间溢出效应模型中加入了控制变量。方程（7）~方程（9）和方程（10）~方程（12）所得出的结论基本上保持一致。且模型中空间自相关系数在各方程中均具有显著且稳健的效果，空间自相关系数能够体现县域金融发展空间关联程度，进一步表明革命老区金融发展水平确实存在明显的空间关联效应，即相邻县域的金融发展水平存在相互促进作用，从而造成革命老区金融发展水平的高—高集聚和低—低集聚特征。整体来看，各个变量均通过了显著性检验，并且拟合度较高，模型整体估计结果较好。

革命老区的空间杜宾模型的空间固定效应结果如表7-6所示，金融发展的影响因素存在着明显的空间溢出效应，这也是革命老区金融发展水平具有集聚特征的主要原因。表7-6中方程（10）表明振兴规划对革命老区金融发展的空间效应显著为正，方程（11）表明当地政府财政政策对革命老区金融发展的空间效应的作用也显著为正，为 0.881，二者共同的作用比单独作用更大，产业结构、经济增长以及基础设施建设对革命老区金融发展水平的负向影响作用显著，经济基础和人口密度对革命老区金融发展水平起促进作用。

表 7-6　革命老区空间面板的空间杜宾模型估计结果

变量	(7)	(8)	(9)	(10)	(11)	(12)
rho	0.301 *** (0.012)	0.327 *** (0.015)	0.299 *** (0.013)	0.341 *** (0.015)	0.327 *** (0.015)	0.299 *** (0.013)
振兴规划	0.075 * (0.041)		0.098 ** (0.040)	0.079 * (0.041)		0.101 ** (0.040)
当地政府 财政政策		0.937 *** (0.062)	0.954 *** (0.062)		0.881 *** (0.064)	0.899 *** (0.064)
产业结构	-1.652 *** (0.059)	-1.356 *** (0.060)	-1.371 *** (0.060)	-1.668 *** (0.071)	-1.404 *** (0.073)	-1.404 *** (0.072)
经济基础	0.808 *** (0.019)	0.798 *** (0.019)	0.809 *** (0.019)	0.834 *** (0.022)	0.824 *** (0.022)	0.833 *** (0.022)
人口密度	0.253 *** (0.013)	0.277 *** (0.013)	0.284 *** (0.013)	0.354 *** (0.023)	0.352 *** (0.023)	0.354 *** (0.023)
经济增长	-0.413 *** (0.012)	-0.323 *** (0.013)	-0.321 *** (0.013)	-0.467 *** (0.015)	-0.367 *** (0.017)	-0.365 *** (0.017)
基础设施	-0.021 ** (0.010)	-0.031 *** (0.010)	-0.035 *** (0.010)	-0.023 ** (0.012)	-0.027 * (0.012)	-0.029 ** (0.012)
欠发达县	-0.071 *** (0.016)	-0.066 *** (0.016)	-0.071 *** (0.016)	-0.070 *** (0.017)	-0.066 *** (0.016)	-0.070 *** (0.016)
老区类别	0.017 ** (0.008)	0.020 *** (0.007)	0.024 *** (0.007)	0.013 *** (0.009)	0.017 * (0.009)	0.018 ** (0.009)
连片 欠发达地区	0.231 *** (0.020)	0.165 *** (0.020)	0.149 *** (0.021)	0.181 *** (0.028)	0.122 *** (0.028)	0.121 *** (0.028)
R^2	0.510	0.517	0.516	0.505	0.503	0.501

（三）空间溢出效应分析

利用全域 Moran's I 指数进行被解释变量金融发展水平空间自相关检验时发

现其系数显著不为零。因此，借鉴 LeSage 和 Pace（2009）的研究结果，将解释变量对被解释变量的空间回归结果分为平均直接效应、平均间接效应、平均总效应进行分析，不仅包含溢出效应还包含反馈效应，使得结果更加精确，反映出真实的溢出效果。表 7-7 中方程（13）～方程（15）分别代表振兴规划、当地政府财政政策以及二者共同对革命老区金融发展空间溢出效应的影响。

1. 政府政策对革命老区金融发展的直接效应

根据表 7-7 中的分解结果，振兴规划对革命老区金融发展水平的直接效应为 0.077，表现出显著的促进作用，说明振兴规划能够提高革命老区金融发展水平。当地政府财政政策对革命老区金融发展水平的直接效应为 0.902，表现为积极促进作用，当地政府通过财政资金支持革命老区建设，吸引金融资源流入本县，刺激当地金融机构的活跃性和积极性，提高当地金融发展水平。

振兴规划和当地政府财政政策二者共同对革命老区金融发展的直接效应也表现为显著的促进作用，并且展现出了 1+1>2 的效果。这是因为革命老区在巩固脱贫攻坚成果及拓展过程中被赋予很重要的作用，国务院专门出台《关于新时代支持革命老区振兴发展的意见》来支持革命老区的发展。在实现与乡村振兴的有效衔接过程中，革命老区更多的是作为一个整体去发展，革命老区各个县在制定关于革命老区的政策时，都以国务院印发的该意见为基础，因此各个县的金融政策往往是"合作型政策"。在现实中，"合作型政策"使得县域之间联合开展各项活动，从而在阻止本县资源外流的同时还能吸引外部资源的流入，因此振兴规划和当地政府财政政策对革命老区金融发展空间溢出效应的直接效应都是正向的。

通过比较振兴规划和当地政府财政政策的直接效应的系数发现，革命老区当地政府财政政策对革命老区金融发展空间溢出效应的影响远远大于振兴规划对革命老区金融发展空间溢出效应的影响。一方面，因为振兴规划的出台与具体实施之间存在偏差，振兴规划具有滞后性；另一方面，振兴规划只是从顶层设计上给革命老区发展指明了方向，并没有直接为本地的金融机构、中小企业以及农民等提供实际的资金支持。

2. 政府政策对革命老区金融发展的间接效应和总效应

根据表 7-7 中的分解结果，振兴规划单独对革命老区金融发展水平空间溢出的间接效应以及总效应没有显著的作用。当地政府财政政策对革命老区金融发展水平的间接效应表现为促进作用，说明革命老区地方政府财政政策也能够促进革命老区本县域外的金融发展，由于当地政府财政政策对革命老区金融发展的直接效应和间接效应都是正向促进的，因此总效应也是正向显著的。

振兴规划和当地政府财政政策共同对革命老区金融发展空间溢出效应的直接效应与总效应与单独作用时一致。

表7-7 空间杜宾模型分解的估计结果

变量		（13）	（14）	（15）
	rho	0.341*** （0.015）	0.327*** （0.015）	0.326*** （0.015）
直接效应	振兴规划	0.077** （0.039）		0.098*** （0.036）
	当地政府财政政策		0.902*** （0.064）	0.920*** （0.065）
	产业结构	-1.699*** （0.066）	-1.425** （0.067）	-1.417*** （0.067）
	经济基础	0.855*** （0.021）	0.844*** （0.021）	0.851*** （0.021）
	人口密度	0.352*** （0.022）	0.354*** （0.021）	0.357*** （0.021）
	经济增长	-0.470*** （0.014）	-0.369*** （0.016）	-0.366*** （0.016）
	基础设施	-0.025** （0.012）	-0.030*** （0.012）	-0.033*** （0.012）
	欠发达县	-0.074*** （0.017）	-0.071** （0.017）	-0.076*** （0.016）
	老区类别	0.013 （0.009）	0.018** （0.009）	0.021** （0.009）
	连片欠发达地区	0.196*** （0.026）	0.134*** （0.026）	0.131*** （0.026）

续表

	变量	（13）	（14）	（15）
间接效应	振兴规划	-0.052 (0.052)		-0.018 (0.049)
	当地政府财政政策		0.299*** (0.107)	0.308*** (0.099)
	产业结构	-0.434*** (0.122)	-0.293** (0.123)	-0.332*** (0.127)
	经济基础	0.277*** (0.026)	0.281*** (0.028)	0.290*** (0.030)
	人口密度	-0.030 (0.028)	0.025 (0.028)	0.034 (0.028)
	经济增长	-0.047** (0.023)	-0.030 (0.023)	-0.034 (0.023)
	基础设施	-0.032 (0.020)	-0.050** (0.020)	-0.054*** (0.019)
	欠发达县	-0.075* (0.042)	-0.081** (0.041)	-0.090** (0.041)
	老区类别	0.015 (0.016)	0.018*** (0.015)	0.023 (0.016)
	连片欠发达地区	0.206*** (0.045)	0.150*** (0.045)	0.127*** (0.044)
总效应	振兴规划	0.025 (0.033)		0.080** (0.034)
	当地政府财政政策		1.202*** (0.114)	1.229*** (0.113)
	产业结构	-2.134*** (0.122)	-1.718*** (0.123)	-1.749*** (0.127)
	经济基础	1.132*** (0.031)	1.125*** (0.031)	1.140*** (0.032)
	人口密度	0.322*** (0.022)	0.379*** (0.022)	0.391*** (0.022)
	经济增长	-0.517*** (0.022)	-0.399*** (0.024)	-0.401*** (0.023)

续表

变量		（13）	（14）	（15）
总效应	基础设施	-0.057^{***} （0.020）	-0.080^{***} （0.020）	-0.087^{***} （0.021）
	欠发达县	-0.149^{***} （0.048）	-0.152^{***} （0.046）	-0.166^{***} （0.046）
	老区类别	0.028^{*} （0.016）	0.036^{**} （0.015）	0.044^{***} （0.016）
	连片欠发达地区	0.403^{***} （0.042）	0.284^{***} （0.042）	0.258^{***} （0.041）

3. 控制变量对革命老区金融发展空间溢出效应的影响

根据表 7-7 中的分解结果，经济基础和人口密度对革命老区金融发展水平的直接效应、间接效应和总效应均显著为正，这是因为经济基础好的县域往往会吸引金融资源的流入；人口密度影响银行机构网点的设置，人口密度越大，设置网点数量越多。产业结构、经济增长和基础设施建设对革命老区金融发展水平空间溢出效应的影响显著为负，这是因为经济增长越快，对金融资源需求越旺盛，当居民储蓄存款和金融机构贷款余额发展速度跟不上经济增长速度时，经济增长就会对金融发展水平产生负向影响，也可能与目前基础设施建设不全有关。

三、进一步检验

（一）政府政策对片区与非片区金融发展空间溢出效应的影响分析

为进一步检验中央和地方政府的政策支持对革命老区金融发展空间溢出效应的影响，将革命老区分为片区和非片区来研究，主要是因为革命老区的片区是以前的特殊连片困难地区，其金融发展相对于非片区来说更为缓慢和落后，因此通过研究振兴规划和地方财政政策对革命老区片区与非片区的金融发展的空间溢出效应的影响，来进一步检验中央和地方政府的政策支持对革命老区金融发展的空间溢出效应的影响。

结果如表 7-8 所示，无论是直接效应、间接效应还是总效应，中央和地方政府的政策支持对片区以及非片区金融发展空间溢出效应的影响都存在明显的空间异质性。振兴规划对金融发展的直接效应、间接效应以及总效应在片区跟非片区均显著为正，说明振兴规划对于片区与非片区金融发展规模的空间溢出效应具有促进作用，且在片区的促进作用更大，为 0.069，说明振兴规划在片区对金融发展起到的作用更大。

表 7-8　片区和非片区空间空间杜宾模型估计结果

变量		片区	非片区
振兴规划	直接效应	0.069 ** (0.034)	0.050 ** (0.023)
	间接效应	0.016 * (0.008)	0.014 ** (0.007)
	总效应	0.085 ** (0.042)	0.064 ** (0.030)
当地政府财政政策	直接效应	0.635 *** (0.101)	1.957 *** (0.084)
	间接效应	0.143 *** (0.031)	0.528 *** (0.041)
	总效应	0.778 *** (0.125)	2.485 *** (0.107)

当地政府财政政策对金融发展的空间溢出效应的影响在片区和非片区的影响程度差异较为明显，在金融发展空间溢出效应方面对片区的直接效应的影响为 0.635，对非片区的直接效应的影响为 1.957，当地政府财政政策对非片区直接效应的影响比片区大许多，说明革命老区中片区财政政策的有效性没有非片区强，对金融发展的促进作用没有非片区好，片区所面临的金融困境较难通过当地政府财政政策来解决。

（二）地理距离矩阵下政府政策对革命老区金融发展空间溢出效应的影响分析

为了进一步验证地理距离矩阵下，振兴规划和地方财政政策对革命老区金融发展的空间溢出效应的影响，将空间邻近矩阵 W_1 改换为地理距离矩阵 W_2 来进行分析。

结果如表7-9所示，振兴规划对金融发展空间溢出效应的直接效应、间接效应以及总效应均具有显著的正向影响，表明革命老区政府之间更多的是合作关系。

表7-9 地理距离矩阵下政府政策的空间溢出效应分解

变量		金融发展水平
振兴规划	直接效应	0.084*** (0.018)
	间接效应	0.107*** (0.026)
	总效应	0.193*** (0.181)
地方财政政策	直接效应	0.923*** (0.060)
	间接效应	1.180*** (0.142)
	总效应	2.103*** (0.181)

地方财政干预对金融发展的直接效应、间接效应和总效应均显著为正，当地政府财政政策对金融发展空间溢出效应的直接效应为0.923，表现为显著的促进作用，地理权重矩阵下，当地政府财政政策对金融发展空间溢出效应的直接效应最大，表明当地政府财政政策对本县金融发展有着很强的影响。地方政府财政政策对革命老区金融发展空间溢出的影响比振兴规划更大。因此，在促进革命老区县域金融市场发展时，应更多地发挥地方政府的积极作用。

经过对比分析，本章利用地理距离权重矩阵得到的结果与利用空间相邻矩阵得出的结果一致，进一步验证上述结论，说明振兴规划以及当地政府财政政策对革命老区金融发展的空间溢出效应确实存在影响，且表现为显著的正向影响。

第五节　本章小节

本章基于 2016~2020 年全国 1185 个革命老区的面板数据，采用 Moran's I 对革命老区金融发展水平的空间特征进行分析，研究发现，革命老区金融发展水平与其地理位置密切相关，存在明显的空间关联效应，此外通过空间面板的空间杜宾模型进一步研究革命老区金融发展水平的影响因素的空间异质性以及振兴规划和地方财政政策对革命老区金融发展的空间溢出效应的影响，得出以下结论：

第一，空间自相关检验发现，我国革命老区金融发展水平存在明显的空间关联效应，其主要以高—高集聚和低—低集聚特征为主，并且革命老区金融发展的影响因素也存在明显的空间异质性。

第二，通过对振兴规划对革命老区金融发展的空间溢出效应的影响进行分解发现，不管从直接效应、间接效应还是总效应来看，振兴规划对县域内外金融发展都有显著的促进作用，表明振兴规划有助于促进革命老区县域之间抱团取暖。

第三，革命老区当地政府财政政策对金融发展水平有显著的正向影响，即当地政府会促进革命老区金融发展，并且对金融发展的正向促进作用会溢出到邻县，从而促进相邻县域间合作式发展。

第八章 政府与市场联动视角下县域金融市场发展促进共同富裕的研究

第一节 研究背景

改革开放之后，我国实施沿海地区优先发展、一部分人先富起来等战略，城乡居民收入水平得到显著提升，城镇居民人均可支配收入由 1978 年的 343 元提升至 2022 年的 49283 元，增长了近 144 倍，农村居民人均可支配收入由 1978 年的 134 元提升至 2022 年的 20133 元，增长了 150 倍。在实现经济快速增长的同时，城乡收入差距并没有显著缩小。党的二十大报告提出，到 2035 年，我国发展的总体目标是人民生活更加幸福美好，居民人均可支配收入再上新台阶，中等收入群体比重明显提高，基本公共服务实现均等化，农村基本具备现代生活条件，社会保持长期稳定，人的全面发展、全体人民共同富裕取得更为明显的实质性进展。同时提出构建我国新发展格局应充分发挥财政金融作用、完善农业支持保护制度、健全农村金融服务体系。构建新发展格局是为了社会各类资源得到最大化的合理配置，从而提高社会经济效率与效益、扩大社会财富总额、增加民众收入，最终提高全体民众的获得感和幸福感。现在，已经到了扎实推动共同富裕的历史阶段，而要促进共同富裕，最艰巨最繁重的任务仍然在县域。

许多学者对共同富裕的测度体系及实现路径进行了研究，相关研究涉及再分配政策、生产力与生产关系、城市偏向政策和数字经济等。而在影响共同富裕的诸多因素中，金融发展是不能忽视的因素。以 Greenwood 等（1990）为代表的学者通过构建动态模型探究了收入分配、金融发展及经济增长间的互动联系，得到收入差距与金融发展服从倒 U 形关系。共同富裕在空间区域上具有非同质性，不同地域有不同的文化环境和资源禀赋，各地区推动共同富裕的基础和条件不可能相同，这使得共同富裕的实现路径呈现出多元性的特点（杨静和宋笑敏，2021）。近年来，山东省县域经济在政府的带动下实现整体实力显著提升，但在区域均衡发展等方面仍存在短板问题，不利于共同富裕的实现。因而深入研究政府政策对金融发展促进共同富裕的效果，对于探索山东省县域经济高质量发展的路径、实现山东省县域经济高质量发展、促进共同富裕具有重要意义。为此，本章采用2010~2020 年山东省 52 个县域的面板数据，深入分析山东省县域政府政策支持下金融发展对共同富裕的差异性影响。本章研究可能的边际贡献主要体现在两个方面：一是从证券市场、银行市场两个维度探究金融发展对共同富裕的影响；二是基于政府政策支持视角，运用文本分析法构建政府财政政策及政府政策意愿指标，分析在不同政府政策支持下金融发展对共同富裕的异质性影响。

第二节　提出假设

一、文献综述

共同富裕是社会主义的本质要求，是中国式现代化的重要特征。已有文献对共同富裕的研究主要集中在两个方面：一是构建指标体系测度共同富裕。外文文献中普遍认为可以通过支出维度测度人们的收入与财富（Daniel，1993）以此反映国民整体的福利水平和收入不平等程度（Yao et al.，2004）。而国内学者更多倾向于从收入维度测度共同富裕的实现程度，如先富地区收入增长的空间溢出效应（覃成林和杨霞，2017）、中等收入群体规模（刘志国和刘慧哲，2021）。结合当前我国经济发展阶段和实际情况，学者对共同富裕的测度体系进行了完善。

较有代表性的有李实（2021）将共同富裕分为"富裕"、"共享"两个维度，以收入、财产和公共服务的水平及差距分别衡量社会的富裕程度及共享程度；刘培林（2021）表示"总体富裕程度"以人均国民收入绝对水平、人均财富保有量水平、人均物质财富保有量水平、全员劳动生产率水平分别相对于发达国家的水平四个指标度量，"发展成果共享程度"以人群差距、区域差距、城乡差距三个子维度衡量。二是共同富裕的影响因素与实现路径研究。实现共同富裕要充分发挥再分配作用（杨穗和赵小漫，2022），但现阶段收入再分配调节力度不足，再分配政策未能有效调节收入差距（李实和朱梦冰，2022），如万广华等（2022）研究发现基于征税和福利发放的转移支付会加剧经济扭曲，对缩小城乡差异效果有限。因此，实现共同富裕并非单纯的制度问题，在发挥社会主义制度优越性的同时，要从生产力与生产关系的辩证统一关系出发，在劳动力总量基本处于稳定的现实条件下提升劳动生产率、提高人力资本水平。在数字经济迅速发展的背景下，数字经济与共同富裕有很强的契合性（沈文玮，2022），柳毅等（2023）研究发现数字经济可以通过提升居民数字素养和社会福利水平弥补社会差异，进而带动共同富裕的实现。此外，对共同富裕目标的达成分析较有代表性的有向国成等（2017）的基于分工演化的均势经济理论模型，该模型得出随着经济发展趋于均势状态，共同富裕会伴随财富总量的增长而最终实现；高丽媛和张屹山（2018）的权力结构理论认为，共同富裕实现的前提是保证公民的生存权和发展权，在此基础上调整包括按劳分配和按贡献分配的生产性分配权重调动社会主体参与社会生产的积极性，从而提高社会产出水平及个人收益；江鑫和黄乾（2019）的超边际分工理论则认为，城乡公路体系网络化有助于实现城乡共同富裕。

县域金融是县域经济增长的重要影响因素，也是实现共同富裕的推动力。国内外关于金融发展与共同富裕的关系研究，主要形成了三种观点：一是金融发展对共同富裕具有正向冲击效应。金融发展在贫困减缓和促进经济增长方面发挥着重要的作用，金融发展可以通过金融创新（Majid et al.，2019）、完善农村金融结构（谢金楼，2016）、提高银行信贷水平（Sun et al.，2020）、弥补农村地区户主受教育年限低（Dawood et al.，2019）等方面减缓贫困。二是金融发展对共同富裕具有负向冲击效应。金融注入对农村贫困缓解不但没有起到积极作用，相反加剧了农户间的收入不平等（叶志强等，2011；Wang et al.，2020），若发生金融波动，低收入人群最先遭受剧烈冲击。三是金融发展与共同富裕服从倒U形关系。Greenwood等（1990）基于收入分配外生于金融发展，且在金融市场融资需要支付某一固定成本的假设，构建了一个动态模型来探究收入分配、金融发展及经济增长间的互动联系，最终结论为收入差距与金融发展服从倒U形关系。通过简化和改进G-J模型，Townsend等（2003）在动态模型下讨论了金融深化的收入分配效应及其变动情况，得到了类似的结论。国内学者结合中国省际层面数据考察了金融发展对改善贫困的影响，发现金融发展在改善贫困方面的确存在非线性效应（崔艳娟和孙刚，2007）。

县域金融市场的发展离不开政府的引导，处理好政府与金融市场的关系是金融发展促进共同富裕的内生需要。政府通常通过行政和经济手段将金融资源配置到经济社会发展的薄弱环节和部分重点领域，以更好地满足实体经济和人民群众差异化的融资需求。已有文献关于政府政策对金融发展的影响主要有三类观点：一是政府在一定范围内通过聚集金融资源和金融组织而扩大金融规模（孙国茂和范跃进，2013）、合理规范资本流动而推动金融资本的有效配置促进了金融发展（钱颖一，1996）。二是中国金融市场较大程度上受到政府的影响（Guariglia and Poncet，2006），金融机构本身能识别风险和收益，但政府政策过度干预反而导致效率低下，降低了金融机构的资源配置效率（张军，2016；张前程和龚刚，2016），从而抑制金融发展。三是政府政策对金融发展存在双重效应。政府政策适度干预有助于矫正市场失灵（王仁祥等，2020），政府政策过度干预则不利于金融发展（李胜旗和邓细林，2016）。国内外关于政府政策对共同富裕的关系研究，主要形成了两种观点：一是政府政策促进共同富裕。政府可以通过优化财政支出规模促进居民社会福利的改善（Bourguignon，2007）、缩小城乡收入分配差距（和云，2014）。二是政府政策抑制共同富裕。由于有差异及存在时滞性的城乡经济政策（侯冠平和王资博，2013；Michael，1977），使得财政支出不利于缩小收入分配差距（王小鲁和樊纲，2005），且存在扩大城乡收入分配差距的潜在影响（孙正，2014；罗能生等，2015）。

已有文献为进一步分析金融发展对共同富裕的影响奠定了良好的基础，对本书研究具有重要的启发与借鉴意义。但仍缺乏县域层面金融发展与共同富裕的研究分析，且在政府政策支持下从证券市场及银行市场的角度探究共同富裕的实证研究较为欠缺。

二、研究假设

共同富裕需要体现发展性、共享性和可持续性的统一，使全体人民有机会、有能力均等地参与高质量经济社会发展，并共享经济社会发展的成果（郁建兴和任杰，2021）。共同富裕首要且最直观的表现是提高农村居民的收入，金融发展可以从以下三个方面对农民增收产生积极影响：一是人力资本效应。人力资本对于缩小城乡收入差距具有显著促进作用（郝凯等，2022），可以提高县域群众就业能力，带动农民收入提高。金融发展会对农民的金融素养提出更高的要求，促使农民提高自身知识水平，这在提高自身收入水平的同时有较富足的资金支持子女的教育支出，子女通过获得更优质的教育提升就业竞争力，最终带动子女收入水平的提高，如此形成良性的代际循环。二是规模经济效应。金融通过创新信贷产品、拓宽融资渠道、完善农业风险补偿机制作用于农业产业链（黄若云，2022），为农村、农业企业与农民提供金融支持，满足县域差异化的资金需求。一方面，农业经营主体利用资金进行规模化经营，带动农业产业发挥规模经济效应，提升农业生产效率，增加农民收入；另一方面，各农业经营主体利用资金进行多产业合作，在产业融合中探索独特的产品优势，促进农民增收。三是技术创新效应。金融资源具有的快速转化性使其极易转化为物质资源或技术资源，金融资源作为中小企业最基础的资源加快其技术创新进程，大力发展的中小企业为居民提供更多的就业岗位，提高农民的工资性收入。据此，提出假设如下：

假设 8-1：金融发展能够缩小城乡收入差距，促进共同富裕。

我国县域金融市场的发展离不开政府的推动，政府主要基于以下动机影响金融发展：一是财政压力。行政分权和财政分权在给予地方政府自主权的同时，导致其在教育、卫生等方面的财政支出压力增大。随着财政支出逐年攀升，迫使地方政府通过介入金融市场寻求金融资源的形式以弥补财政缺口（梁丰和程均丽，2018）。金融资源作为财政功能在教育、卫生等基础设施领域财政支出的扩大会影响居民物质生活条件，从而影响共同富裕。二是绩效考核。地方政府绩效考核中重视减小贫富差距，实现共同富裕。据此，提出假设如下：

假设 8-2：政府政策影响金融发展与共同富裕的关系。

政府政策对金融的介入体现在政府能提供公共服务、维护市场秩序，降低金融机构业务成本和能帮助更多资金需求者获得投资所需资金的能力上，从而促进金融发展；同时，政府也可能会破坏市场公平竞争，干预金融机构运行，扭曲金融资源配置，阻碍金融发展。目前，政府政策究竟是促进还是抑制了金融市场功能的发挥，存在争议。一方面，中国金融市场尚在建立和完善之中，金融机制还不成熟，金融市场客观上存在信息不对称问题，政府作为市场机制的一种补充，能够改善金融资源配置效率（沈坤荣和施宇，2021），将金融资源高效率地配置到经济社会发展的薄弱环节和重点领域，引导金融机构规避风险，维护金融市场稳定，提升经济增长质量。因此，政府在一定调节程度内规范和引导金融发展，是规避金融风险冲击经济体系、影响经济增长质量的内在需求。另一方面，当前的晋升模式在激励经济的同时也产生了一些副作用，行政权力过度集中会在多元目标下过度干预（周黎安，2007），在一定程度上影响了金融机构的决策自主权，扭曲了金融市场的资源配置功能。相关部门在多元化目标下干预金融资源配置，可能会违背资金配置效率最大化原则，妨碍金融机构价值发现职能的发挥，并在长期造成金融风险的积累。据此，提出假设如下：

假设 8-3：政府政策存在门槛效应，在政府适度介入和监管部门的规范引导下，政府支持有助于金融发展实现共同富裕；过度介入则抑制金融发展服务共同富裕的功能。

第三节　研究设计

一、数据来源

本章选取 2010～2020 年山东省 52 个县的面板数据为样本进行实证检验。数据来源于《中国县域统计年鉴（县市卷）》、山东统计年鉴、中国银行保险监督管理委员会网站、中国证券监督管理委员会网站、中经网统计数据库、山东各市统计年鉴、山东各县统计年鉴、各县政府工作报告、各县国民经济和社会发展统计公报，个别缺失值用插值法补全。

二、变量选取

（一）被解释变量

共同富裕（RODI），参考张新月等（2022）的做法，以农村和城镇居民可支配收入比衡量共同富裕。限于数据可得性，城镇居民可支配收入以各县所在市的城镇居民可支配收入代理，鉴于本章研究的是共同富裕变动趋势，县域城镇居民可支配收入与地市城镇居民可支配收入的变动趋势基本一致，因此虽有偏差但仍能说明问题。

（二）核心解释变量

金融市场综合发展指数（FMDI）、证券市场发展指数（CMDI）、银行市场发展指数（MMDI），通过 SPSS 26.0 以主成分分析法对相应的基础指标进行降维合成。金融市场综合发展指数、证券市场发展指数、银行市场发展指数的评价指标体系构成如表8-1所示。为了保持指标同向性，逆向指标取负数，正向指标保持不变。

表 8-1 第八章评价指标体系

一级指标	二级指标	三级指标	计算	指标性质
金融市场综合发展指数	证券市场发展指数	行政处罚数	山东证监局行政处罚数量	负向
		总市值与GDP比值	各板块上市公司年末总市值之和/GDP	正向
		上市公司数量	各板块上市公司数量	正向
		三板公司数量	全国中小企业股份转让系统挂牌公司数量	正向
		人均证券网点数	证券网点数/年末总人口	正向
	银行市场发展指数	行政处罚数	山东省银保监局行政处罚数量	负向
		金融相关率	年末金融机构各项贷款余额之和/GDP	正向
		存贷比	年末金融机构各项存款余额/年末金融机构各项贷款余额	正向
		人均银行网点数	银行网点数/年末总人口	正向

（三）门槛变量

本章将政府政策（Gov）分为政府财政政策及政府政策意愿两类。其中，政府政策意愿特指政府支持金融发展的政策意愿，即政府金融政策意愿。

借鉴唐礼智等（2008）的做法，以该地区公共财政预算支出占该地区国民生产总值的比重衡量政府财政政策的强度，记为Gov1。

受侯新烁和杨汝岱（2016）的启发，提取政府工作报告中有关"当年工作安排"的段落，以该段落中有关金融（包括金融、利息、利率、汇率、外汇、外币、银行、证券、保险、股票和债券等）的词频占"当年工作安排"段落总词频的比重作为政府金融政策意愿的系数，以该地区公共财政预算支出作为政府金融政策意愿的基数，两者相乘以衡量政府金融政策意愿的影响力，记为Gov2。

（四）控制变量

由于经济增长质量的系统性和复杂性，选择5个影响因素作为控制变量，以确保实证结果的科学性和准确性。①对外开放程度（Open）：以该地区进出口总额占该地区国民生产总值的比例代表。②产业结构（Ind）：以该地区第一产业产值占该地区国民生产总值的比例衡量。③教育水平（Edu）：以该地区每万人中的中学在校生数衡量。④农业发展水平（Agr）：以该地区人均粮食产量对数代表。⑤财政自给率（Fin）：以该地区地方财政一般预算收入与地方财政一般预算支出之比代表。

（五）变量的描述性统计

本章所涉及变量的描述性统计如表8-2所示。在全部样本中，共同富裕的最小值为0.275，最大值为0.590，说明虽然我国绝对贫困已经消除，但城乡仍有较大差距。

表8-2　第八章变量的描述性统计

变量	符号	样本量	平均值	标准差	最小值	最大值
共同富裕	RODI	572	0.419	0.067	0.275	0.590
金融市场综合发展指数	FMDI	572	0.000	0.588	-0.670	2.780
证券市场发展指数	CMDI	572	-0.001	1.001	-0.670	5.300
银行市场发展指数	MMDI	572	-0.000	0.711	-1.110	2.860

续表

变量	符号	样本量	平均值	标准差	最小值	最大值
政府财政政策	Gov1	572	0.123	0.038	0.013	0.281
政府金融政策意愿	Gov2	572	7.671	0.541	5.781	9.154
对外开放程度	Open	572	0.147	0.207	0.000	1.468
产业结构	Ind	572	0.145	0.054	0.022	0.344
教育水平	Edu	572	6.134	0.219	5.099	6.628
农业发展水平	Agr	572	8.739	0.621	5.677	9.840
财政自给率	Fin	572	0.457	0.197	0.214	2.992
金融市场综合发展指数与政府财政政策交互项	FGov1	572	−0.005	0.124	−0.180	0.884
金融市场综合发展指数与政府政策意愿交互项	FGov2	572	0.099	7.822	−6.133	45.020
证券市场发展指数与政府财政政策交互项	CGov1	572	0.001	0.088	−0.152	0.529
证券市场发展指数与政府政策意愿交互项	CGov2	572	0.113	5.619	−8.385	23.931
银行市场发展指数与政府财政政策交互项	MGov1	572	−0.002	0.071	−0.101	0.541
银行市场发展指数与政府政策意愿交互项	MGov2	572	0.085	4.626	−5.218	22.151

三、模型构建

根据研究假设 8-1，针对金融市场综合发展指数、证券市场发展指数、银行市场发展指数对共同富裕的促进作用，设计如下固定效应基准模型：

$$\text{RODI}_{it} = \alpha_0 + \alpha_1 \text{FMDI}_{it} + \alpha_2 \text{Control}_{it} + \varepsilon_{it} \tag{8-1}$$

$$\text{RODI}_{it} = \alpha_0 + \alpha_1 \text{CMDI}_{it} + \alpha_2 \text{Control}_{it} + \varepsilon_{it} \tag{8-2}$$

$$\text{RODI}_{it} = \alpha_0 + \alpha_1 \text{MMDI}_{it} + \alpha_2 \text{Control}_{it} + \varepsilon_{it} \tag{8-3}$$

其中，FMDI_{it} 为金融市场综合发展指数，CMDI_{it} 为证券市场发展指数，MMDI_{it} 为银行市场发展指数，控制变量主要包括对外开放程度（Open）、产业结构（Ind）、教育水平（Edu）、农业发展水平（Agr）、财政依赖程度（Fin），ε_{it} 为误差项。

根据研究假设 8-2，为探究政府政策是否影响金融发展与共同富裕的关系，以等式（8-1）、等式（8-2）、等式（8-3）为基础引入政府政策及金融发展与政府政策交互项，得到等式（8-4）、等式（8-5）、等式（8-6）：

$$RODI_{it} = \alpha_0 + \alpha_1 FMDI_{it} + \alpha_2 FGov_{it} + \alpha_3 Control_{it} + \varepsilon_{it} \qquad (8-4)$$

$$RODI_{it} = \alpha_0 + \alpha_1 CMDI_{it} + \alpha_2 CGov_{it} + \alpha_3 Control_{it} + \varepsilon_{it} \qquad (8-5)$$

$$RODI_{it} = \alpha_0 + \alpha_1 MMDI_{it} + \alpha_2 MGov_{it} + \alpha_3 Control_{it} + \varepsilon_{it} \qquad (8-6)$$

$FMDI_{it} \times Gov_{it}$ 为金融市场综合发展指数与政府政策的交互项，$SMDI_{it} \times Gov_{it}$ 为证券市场发展指数与政府政策的交互项，$BMDI_{it} \times Gov_{it}$ 为银行市场发展指数与政府政策的交互项，分别记为 FGov、SGov、MGov。$Control_{it}$ 是一组控制变量，α_0 是常数项，μ_i 是个体固定效应的虚拟变量，ε_{it} 是随机扰动项。

根据研究假设 8-3，政府政策对金融发展促进共同富裕的影响可能存在门槛效应，借鉴 Hansen（1999）的门槛回归方法，以政府政策作为门槛变量，建立面板门槛回归模型，得到等式（8-7）、等式（8-8）、等式（8-9）：

$$RODI_{it} = \alpha_0 + \beta_1 FMDI_{it} I\left(Gov_{it} \leq \gamma\right) + \beta_2 FMDI_{it} I\left(Gov_{it} > \gamma\right) + \alpha_1 Gov_{it} +$$
$$\alpha_2 Control_{it} + \varepsilon_{it} \qquad (8-7)$$

$$RODI_{it} = \alpha_0 + \beta_1 CMDI_{it} I\left(Gov_{it} \leq \gamma\right) + \beta_2 CMDI_{it} I\left(Gov_{it} > \gamma\right) + \alpha_1 Gov_{it} +$$
$$\alpha_2 Control_{it} + \varepsilon_{it} \qquad (8-8)$$

$$RODI_{it} = \alpha_0 + \beta_1 MMDI_{it} I\left(Gov_{it} \leq \gamma\right) + \beta_2 MMDI_{it} I\left(Gov_{it} > \gamma\right) + \alpha_1 Gov_{it} +$$
$$\alpha_2 Control_{it} + \varepsilon_{it} \qquad (8-9)$$

第四节　实证结果分析

一、基本模型的回归结果与分析

（一）金融市场发展对共同富裕的影响分析

表 8-3 为金融发展对共同富裕的基准回归结果。模型（1）为金融市场发展对共同富裕影响的回归结果，模型（2）、模型（3）分别为证券市场发展、银行

市场发展对共同富裕影响的回归结果。

核心解释变量系数均在1%水平显著为正，说明金融发展的确能促进共同富裕的实现。具体比较模型（1）、模型（2）、模型（3）中核心解释变量系数的大小，金融市场发展（0.096）对共同富裕的促进作用大于证券市场（0.051），银行市场（0.049）次之。说明对于县域而言，证券市场相对银行市场发展尚不完善，证券市场每发展一单位对于共同富裕的边际贡献大于银行市场的边际贡献。

从控制变量上看，产业结构的估计系数在1%的水平显著为负，这说明第一产业占比越高，越不利于共同富裕的实现。表明随着工业化、现代化程度低的县域第一产业占比提高，其与产业间发展相对平衡的城镇之间的差距越大；教育水平的估计系数在1%的水平显著为正，表明教育程度越高，越有利于实现共同富裕。在农村高龄化、空心化的趋势下，高素质人才的培养能够带来知识溢出效应；农业发展水平的估计系数在不同置信水平上均显著，表明农业发展程度越高，越有利于实现共同富裕；财政自给率的估计系数为正值，说明财政自给率可以通过提高资金的使用效率缩小城乡收入差距，从而促进共同富裕的实现，如增加对农村基础设施的投入。

表8-3　金融发展对共同富裕的基准回归结果

变量	（1） RODI	（2） RODI	（3） RODI
FMDI	0.096 *** (19.790)		
CMDI		0.051 *** (14.330)	
MMDI			0.049 *** (14.690)
Open	−0.003 (−0.220)	−0.005 (−0.380)	0.021 (1.560)
Ind	−0.265 *** (−4.550)	−0.185 *** (−2.810)	−0.412 *** (−6.300)
Edu	0.000 *** (6.110)	0.000 *** (6.770)	0.000 *** (5.170)
Agr	0.016 ** (2.020)	0.018 ** (2.100)	0.007 (0.830)

续表

变量	(1) RODI	(2) RODI	(3) RODI
Fin	0.010 (0.970)	0.010 (0.830)	0.023** (2.000)
_cons	0.257*** (3.870)	0.208*** (2.790)	0.346*** (4.670)
N	572	572	572
R^2	0.488	0.355	0.364
Adj. R^2	0.430	0.280	0.290

注: *、**、***分别表示10%、5%、1%的显著性水平；括号内数值为t值。本章下同。

（二）加入政府政策后金融市场发展对共同富裕的影响分析

表8-4为政府支持下金融发展对共同富裕的回归结果，其中，模型（1）、模型（4）、模型（7）为表8-3中的基准回归结果，用以对加入政府干预的模型进行比较分析；模型（2）、模型（5）、模型（8）为加入政府财政政策及核心解释变量与政府财政政策交互项的回归结果；模型（3）、模型（6）、模型（9）为加入政府金融政策意愿及核心解释变量与政府金融政策意愿交互项的回归结果。

对模型（1）、模型（2）、模型（3）进行横向对比分析，发现对模型（1）（0.096）分别加入不同类型的政府政策后，金融市场发展对共同富裕的促进作用有不同程度的提高，加入政府金融政策意愿后（模型（3））金融市场发展对共同富裕的促进作用（0.333）大于加入政府财政政策后（模型（2））金融市场发展对共同富裕的促进作用（0.099）。政府金融政策意愿单指政府对于金融市场的投入动机，而政府财政政策则囊括了所有领域需要的财政投入，因此政府金融政策意愿比政府财政政策对于金融市场更有效、更有针对性。

对模型（4）、模型（5）、模型（6）进行横向对比分析，发现对模型（4）（0.051）分别加入不同类型的政府政策后，加入政府财政政策时，证券市场发展对共同富裕的促进作用减弱（0.043），加入政府金融政策意愿时，证券市场发展对共同富裕的促进作用明显提升（0.166）。政府通过增加财政支出，扩大了社会总需求及就业，但由于县域群众受教育程度低、对证券市场运作知识贫乏，县域财政支出不能转换为对证券市场的促进作用，反而会将财政支出的溢出效应转到其他领域，因而证券市场对于共同富裕的促进效用会减小。

对模型（7）、模型（8）、模型（9）进行横向对比分析，发现对模型（7）（0.049）分别加入不同类型的政府政策后，银行市场发展对共同富裕的促进作用有不同程度的提高，加入政府金融政策意愿后（模型（9））银行市场发展对共同富裕的促进作用（0.179）大于加入政府财政政策后（模型（8））银行市场发展对共同富裕的促进作用（0.050）。政府金融政策意愿对涉农资金有更大的支持力度，投入回报率更高。

对模型（2）、模型（5）、模型（8）进行纵向分析，加入政府财政政策后，金融市场发展对共同富裕的促进作用仍最大（0.099），但银行市场（0.050）对共同富裕的促进作用超过了证券市场（0.043）。对模型（3）、模型（6）、模型（9）进行纵向分析，加入政府金融政策意愿后，金融市场发展对共同富裕的促进作用仍最大（0.333），但银行市场（0.179）对共同富裕的促进作用超过了证券市场（0.166）。金融市场促进效果最好的原因在于财政资金投入到文化教育、公共生活、科研事业等基础设施领域，通过种种途径最终又作用到金融市场，促使金融市场更好、更快地实现共同富裕。银行市场对共同富裕的促进作用优于证券市场，说明在当前阶段县域资本市场的建设仍不如货币市场完善。

从整个回归结果看，核心解释变量与政府财政政策交互项的系数（−0.328、−0.096、−0.259）及核心解释变量与政府金融政策意愿交互项的系数（−0.032、−0.016、−0.018）均显著为负，说明随着政府干预的增强，金融发展对共同富裕的边际效用减小，但总体来说，仍表现为促进作用。综合以上分析，金融发展对共同富裕的促进作用受政府干预的影响，两类政府干预的程度和时机选择在何时达到最优，需要进一步通过门槛回归模型进行检验。

表8-4 政府支持下金融发展对共同富裕的回归结果

变量	(1) RODI	(2) RODI	(3) RODI	(4) RODI	(5) RODI	(6) RODI	(7) RODI	(8) RODI	(9) RODI
FMDI	0.096*** (19.790)	0.099*** (8.530)	0.333*** (7.700)						

续表

变量	(1) RODI	(2) RODI	(3) RODI	(4) RODI	(5) RODI	(6) RODI	(7) RODI	(8) RODI	(9) RODI
CMDI				0.051*** (14.330)	0.043*** (6.690)	0.166*** (6.010)			
MMDI							0.049*** (14.690)	0.050*** (5.210)	0.179*** (4.650)
Gov1		0.645*** (11.510)			0.821*** (16.830)			0.888*** (13.900)	
Gov2			0.022*** (6.220)			0.035*** (9.860)			0.032*** (8.390)
FGov1		-0.328*** (-4.300)							
FGov2			-0.032*** (-5.970)						
CGov1					-0.096** (-2.210)				
CGov2						-0.016*** (-4.690)			
MGov1								-0.259*** (-4.140)	
MGov2									-0.018*** (-3.760)
Open	-0.003 (-0.220)	-0.002 (-0.200)	-0.003 (-0.310)	-0.005 (-0.380)	-0.006 (-0.550)	-0.005 (-0.380)	0.021 (1.560)	0.011 (0.990)	0.014 (1.160)
Ind	-0.265*** (-4.550)	-0.408*** (-7.530)	-0.074 (-1.300)	-0.185*** (-2.810)	-0.438*** (-8.090)	0.047 (0.750)	-0.412*** (-6.300)	-0.495*** (-8.520)	-0.153** (-2.370)
Edu	0.000*** (6.110)	0.000*** (4.410)	0.000*** (4.140)	0.000*** (6.770)	0.000*** (4.720)	0.000*** (4.410)	0.000*** (5.170)	0.000*** (3.790)	0.000*** (3.700)
Agr	0.016** (2.020)	0.019*** (2.770)	0.017** (2.400)	0.018** (2.100)	0.020*** (2.880)	0.021*** (2.690)	0.007 (0.830)	0.018** (2.400)	0.016** (2.050)
Fin	0.010 (0.970)	0.048*** (4.970)	0.027*** (2.800)	0.010 (0.830)	0.053*** (5.510)	0.030*** (2.870)	0.023** (2.000)	0.066*** (6.380)	0.041*** (3.820)
_cons	0.257*** (3.870)	0.175*** (3.010)	0.064 (0.910)	0.208*** (2.790)	0.145** (2.450)	-0.095 (-1.260)	0.346*** (4.670)	0.160** (2.490)	-0.000 (-0.000)
N	572	572	572	572	572	572	572	572	572

变量	（1）RODI	（2）RODI	（3）RODI	（4）RODI	（5）RODI	（6）RODI	（7）RODI	（8）RODI	（9）RODI
R^2	0.488	0.612	0.569	0.355	0.602	0.492	0.364	0.546	0.473
Adj. R^2	0.430	0.570	0.520	0.280	0.560	0.430	0.290	0.490	0.410

二、面板门槛模型的估计结果与分析

由前文理论和实证检验可知，政府政策对金融发展与共同富裕具有调节作用，为深入分析调节作用的异质性与门槛条件，以两类政府支持方式为门槛变量分别进行单一门槛值、双重门槛值、三重门槛值检验，运用 Hansen（1999）提出的自举法（Bootstrap），通过 Stata16.0 统计软件反复抽样 300 次得出 P 值，得到门槛效应检验结果，如表 8-5 所示。由表可知，以政府支持方式为门槛变量的检验结果均为单门槛模型，假设得到验证，即金融发展对共同富裕的影响存在政府干预门槛。

表 8-5　门槛个数及数值估计结果

自变量	门槛变量	门槛个数	门槛值
FMDI	Gov1	thres1	0.109[***]
	Gov2	thres1	7.655[**]
CMDI	Gov1	thres1	0.109[*]
	Gov2	thres1	8.037[*]
MMDI	Gov1	thres1	0.209[**]
	Gov2	thres1	7.578[**]

根据 Hansen（1999）提出的估计法，门槛值是似然比统计量 LR 趋于 0 时对应的值，据此绘制相应门槛估计值在 95% 置信区间下的 LR 图（见图 8-1～图 8-6）。其中，LR 统计量最低点为对应的真实门槛值，虚线代表临界值为 7.35，由于临界值均位于门槛值下方，由此判定门槛值真实有效。

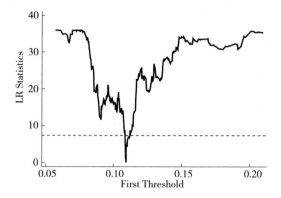

图 8-1　FMDI 为自变量的 Gov1 门槛估计值及其置信区间

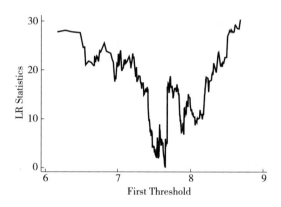

图 8-2　FMDI 为自变量的 Gov2 门槛估计值及其置信区间

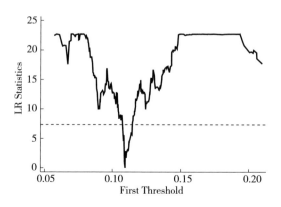

图 8-3　CMDI 为自变量的 Gov1 门槛估计值及其置信区间

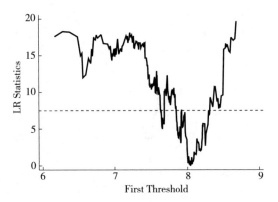

图 8-4　CMDI 为自变量的 Gov2 门槛估计值及其置信区间

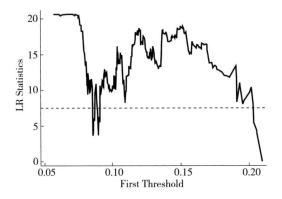

图 8-5　MMDI 为自变量的 Gov1 门槛估计值及其置信区间

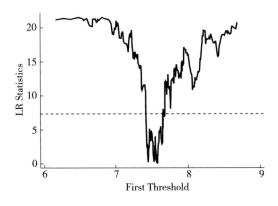

图 8-6　MMDI 为自变量的 Gov2 门槛估计值及其置信区间

表8-6中模型（1）、模型（2）分别为加入政府财政政策、政府金融政策意愿后金融市场发展对共同富裕的门槛模型回归结果，两模型中门槛值左侧的金融市场综合发展指数系数（0.082、0.104）及右侧相应系数（0.052、0.074），均在1%的水平显著为正，表明不论在何种程度的政府干预下金融市场发展都能够促进共同富裕。具体比较其系数大小，模型（1）中门槛值左侧的金融市场综合发展指数系数（0.082）大于右侧相应系数（0.052），说明政府财政政策小于门槛值0.109时，金融市场发展对共同富裕的促进效果更好；模型（2）中门槛值左侧的金融市场综合发展指数系数（0.104）同样大于右侧相应系数（0.074），说明政府金融政策意愿小于门槛值7.655时，金融市场发展对共同富裕的促进效果更好。

表8-6中模型（3）、模型（4）分别为加入政府财政政策、政府金融政策意愿后证券市场发展对共同富裕的门槛模型回归结果，两列中门槛值左侧的证券市场综合发展指数系数（0.042、0.044）及右侧相应系数（0.029、0.030），均在1%的水平显著为正，表明不论在何种程度的政府支持下证券市场发展都能够促进共同富裕。具体比较其系数大小，模型（3）中门槛值左侧的证券市场综合发展指数系数（0.042）大于右侧相应系数（0.029），说明政府财政政策小于门槛值0.109时，证券市场发展对共同富裕的促进效果更好；模型（4）中门槛值左侧的证券市场综合发展指数系数（0.044）同样大于右侧相应系数（0.030），说明政府金融政策意愿小于门槛值8.037时，证券市场发展对共同富裕的促进效果更好。

表8-6中模型（5）、模型（6）分别为加入政府财政政策、政府金融政策意愿后银行市场发展对共同富裕的门槛模型回归结果，两列中门槛值左侧的金融市场综合发展指数系数（0.015、0.055）及右侧相应系数（-0.068、0.030），均在1%的水平显著。具体比较其系数大小，模型（5）中门槛值左侧的银行市场综合发展指数系数（0.015）大于右侧相应系数（-0.068），说明政府财政政策小于门槛值0.109时，金融市场发展对共同富裕的促进效果更好，政府财政政策大于门槛值0.109时，反而会抑制共同富裕的实现；模型（6）中门槛值左侧的银行市场综合发展指数系数（0.055）大于右侧相应系数（0.030），说明政府金融政策意愿小于门槛值7.655时，金融市场发展对共同富裕的促进效果更好。政府财政政策过强，

即超过门槛值时，政府支持的优势更多作用于城镇而非农村，农村地区难以享受政府支持对于银行市场的福利，因此会扩大收入差距，不利于共同富裕。

上述结果均表明，适度的政府政策促进共同富裕的效果更优，过度的政府干预不仅会影响促进共同富裕的效果，甚至抑制共同富裕的实现，产生反作用。

表8-6 政府支持下金融发展对共同富裕的面板门槛模型回归结果

变量		(1) Gov1	(2) Gov2	(3) Gov1	(4) Gov2	(5) Gov1	(6) Gov2
FMDI	β1	Gov1<0.109	Gov2<7.655				
		0.082*** (11.610)	0.104*** (14.290)				
	β2	Gov1>0.109	Gov2>7.655				
		0.052*** (9.570)	0.074*** (14.190)				
CMDI	β1			Gov1<0.109	Gov2<8.037		
				0.042*** (10.810)	0.044*** (11.780)		
	β2			Gov1>0.109	Gov2>8.037		
				0.029*** (9.450)	0.030*** (7.820)		
MMDI	β1					Gov1<0.210	Gov2<7.578
						0.015*** (3.790)	0.055*** (9.880)
	β2					Gov1>0.210	Gov2>7.578
						-0.068*** (-3.560)	0.030*** (8.190)

续表

变量	（1） Gov1	（2） Gov2	（3） Gov1	（4） Gov2	（5） Gov1	（6） Gov2
Gov1	0.617 *** （11.070）		0.814 *** （17.140）		0.918 *** （14.240）	
Gov2		0.022 *** （6.330）		0.038 *** （10.870）		0.030 *** （7.940）
控制变量	控制	控制	控制	控制	控制	控制
_ cons	0.198 *** （3.460）	0.069 （0.960）	0.163 *** （2.800）	-0.154 ** （-2.070）	0.206 *** （3.240）	-0.005 （-0.070）

三、进一步分析

考虑不同共同富裕程度可能会引起金融发展对共同富裕的异质性影响，本部分按照共同富裕程度进行分组，以此探讨共同富裕程度不同时，不同政府干预下金融市场发展对共同富裕影响的异质性。从表8-7的回归结果可以看出，当共同富裕程度较高时，金融市场发展对实现共同富裕的促进作用更显著。在越发达的地区，居民对金融的接受度越高，越有利于金融市场的发展，从而带动金融更好地促进共同富裕的实现。

表8-7　异质性分析：分共同富裕程度回归

变量	（1） RODI	（2） RODI	（3） RODI	（4） RODI
FMDI	0.005 （1.050）	0.018 *** （4.340）	0.006 （1.330）	0.018 *** （4.190）
Gov1	0.072 （1.080）	0.230 *** （3.130）		
Gov2			0.008 ** （2.050）	0.002 （0.330）
Open	0.021 * （1.820）	-0.019 * （-1.960）	0.017 （1.450）	-0.018 * （-1.820）
Ind	-0.136 *** （-2.610）	-0.069 （-1.320）	-0.103 ** （-2.190）	0.010 （0.220）

续表

变量	(1) RODI	(2) RODI	(3) RODI	(4) RODI
Edu	−0.000 (−0.950)	−0.000 (−0.020)	−0.000 (−0.960)	0.000 (0.830)
Agr	−0.006* (−1.850)	0.031*** (8.170)	−0.006** (−1.970)	0.030*** (7.770)
Fin	0.025 (1.260)	−0.005 (−0.430)	0.019 (0.990)	−0.018* (−1.710)
_cons	0.426*** (12.880)	0.188*** (4.810)	0.378*** (8.850)	0.198*** (3.480)
N	286	286	286	286
R^2	0.125	0.269	0.134	0.244
Adj. R^2	0.100	0.250	0.110	0.220

考虑到不同共同富裕程度可能会引起资本市场发展对共同富裕的异质性影响，本部分按照共同富裕程度进行分组，以此探讨共同富裕程度不同时，不同政府干预下证券市场发展对共同富裕影响的异质性。从表8-8的回归结果可以看出，当共同富裕程度较高时，证券市场发展对实现共同富裕的促进作用更显著。证券市场是居民增加财产性收入、满足日益增长的财富管理需求的重要渠道，也是完善多层次、多支柱养老保险体系的重要支撑，推动经济发展成果更多惠及人民群众，助力实现共享发展。越发达的地区，居民对资本市场的接受度越高、使用率越高，越能带动居民增收。

表8-8　异质性分析：分共同富裕程度回归

变量	(1) RODI	(2) RODI	(3) RODI	(4) RODI
CMDI	0.001 (0.300)	0.009*** (4.310)	0.002 (0.650)	0.010*** (4.200)
Gov1	0.095 (1.500)	0.225*** (3.060)		
Gov2			0.008** (2.230)	0.001 (0.270)

续表

变量	（1） RODI	（2） RODI	（3） RODI	（4） RODI
Open	0.024 ** (2.120)	-0.014 (-1.460)	0.020 * (1.720)	-0.013 (-1.320)
Ind	-0.151 *** (-2.970)	-0.066 (-1.240)	-0.109 ** (-2.300)	0.013 (0.270)
Edu	-0.000 (-0.770)	0.000 (0.360)	-0.000 (-0.740)	0.000 (1.210)
Agr	-0.006 * (-1.850)	0.030 *** (8.110)	-0.007 ** (-1.990)	0.030 *** (7.720)
Fin	0.031 * (1.660)	-0.002 (-0.220)	0.025 (1.320)	-0.015 (-1.500)
_cons	0.421 *** (12.640)	0.184 *** (4.710)	0.370 *** (8.510)	0.196 *** (3.450)
N	286	286	286	286
R^2	0.121	0.269	0.130	0.244
Adj. R^2	0.100	0.250	0.110	0.230

考虑到不同共同富裕程度可能会引起银行市场发展对共同富裕的异质性影响，本部分按照共同富裕程度进行分组，以此探讨共同富裕程度不同时，不同政府干预下银行市场发展对共同富裕影响的异质性。从表8-9的回归结果可以看出，当共同富裕程度越高时，银行市场发展对实现共同富裕的促进作用越显著。

表8-9　异质性分析：分共同富裕程度回归

变量	（1） RODI	（2） RODI	（3） RODI	（4） RODI
MMDI	0.006 (1.400)	0.008 ** (2.420)	0.006 (1.490)	0.009 ** (2.500)
Gov1	0.051 (0.720)	0.225 *** (2.980)		
Gov2			0.007 * (1.770)	0.004 (0.950)

变量	（1） RODI	（2） RODI	（3） RODI	（4） RODI
Open	0.018 （1.520）	-0.016 （-1.590）	0.015 （1.280）	-0.017 （-1.610）
Ind	-0.131** （-2.530）	-0.086 （-1.600）	-0.107** （-2.320）	-0.008 （-0.160）
Edu	-0.000 （-0.960）	0.000 （0.170）	-0.000 （-0.930）	0.000 （0.920）
Agr	-0.007** （-2.190）	0.030*** （7.760）	-0.008** （-2.340）	0.029*** （7.490）
Fin	0.021 （1.030）	0.004 （0.340）	0.017 （0.900）	-0.008 （-0.800）
_cons	0.440*** （12.520）	0.193*** （4.810）	0.395*** （8.840）	0.177*** （3.070）
N	286	286	286	286
R^2	0.127	0.236	0.135	0.214
Adj. R^2	0.110	0.220	0.110	0.190

四、稳健性检验

为了进一步验证结果的稳健性，替换被解释变量进行稳健性检验。对被解释变量进行替换后，结论与前文保持一致，说明本章的基准回归模型结果是稳健可靠的（见表8-10）。

表8-10　稳健性检验

变量	（1） 人均 GDP 对数	（2） 人均 GDP 对数	（3） 人均 GDP 对数
FMDI	0.397*** （19.780）		
CMDI		0.199*** （13.190）	
MMDI			0.218*** （16.170）

续表

变量	（1） 人均 GDP 对数	（2） 人均 GDP 对数	（3） 人均 GDP 对数
Open	−0.038 （−0.760）	−0.042 （−0.730）	0.059 （1.100）
Ind	−6.738*** （−28.040）	−6.433*** （−23.200）	−7.377*** （−28.210）
Edu	0.000** （2.280）	0.000*** （3.290）	0.000* （1.660）
Agr	0.009 （0.270）	0.017 （0.470）	−0.027 （−0.790）
Fin	0.064 （1.480）	0.065 （1.320）	0.118** （2.530）
_cons	11.215*** （40.950）	11.035*** （35.050）	11.601*** （39.160）
N	572	572	572
R^2	0.708	0.615	0.659
Adj. R^2	0.680	0.570	0.620

第五节　本章小节

政府适度干预是金融促进共同富裕的关键所在，同时深刻影响着金融行业的发展方向和高质量的现代化经济体系建设的进程。本章以政府政策作为门槛变量，通过多元线性回归模型和面板门槛回归模型，实证考察了山东省 52 个县 2010~2020 年县域金融在政府干预背景下对共同富裕的影响效应。得出的主要结论有：第一，金融发展对共同富裕具有显著促进作用。第二，金融发展与共同富裕之间存在显著的门限效应且与政府干预密切相关。把政府干预区分为政府财政政策和政府政策意愿，单独做门限检验，发现金融对经济增长质量的促进效应存在单一门限。第三，适度的政府干预有利于金融的健康发展和共同富裕的实现。

政府财政政策在适度范围内，县域金融发展更加有利于共同富裕的实现；反之，影响效应明显下降。其中，政府政策超过限度时，银行市场发展反而会抑制共同富裕。第四，构建高质量的政策支撑体系。从回归结果看，县域证券市场与银行市场发展参差不齐，若对市场成熟度较高的县域过度进行政府政策支持则过犹不及。因此，要根据不同地区的发展条件和特点，因地制宜制定合理的发展政策，提高政策支持的有效性，引导县域金融健康发展。同时，把握好政府干预的程度和时机，尊重市场规律，在合理范围内适度干预，尽快达到山东省县域金融发展与共同富裕协同发展的较高稳态水平。

第九章 政府与市场联动视角下金融科技赋能县域金融市场发展的新思路

第一节 研究背景

2022年1月，中国人民银行印发的《金融科技发展规划（2022—2025年）》（以下简称《规划》）指出，金融科技以金融为核心，以加强金融数据要素应用为基础，深化数字技术成果金融应用，搭建多元化金融服务渠道，推动金融发展提质增效。我国的金融科技以市场需求为主要推动力（李跃然和陈忠阳，2021），在巩固脱贫攻坚成果、实现"滴管式"金融扶贫中被寄予厚望。但综观全国金融市场发展情况，金融科技在城市中应用较多，在县域推广不足（冯兴元等，2022），在相对欠发达县尤为缺乏。究其原因，一方面，金融科技在相对欠发达县的应用不能满足当地金融市场的现实需求；另一方面，相对欠发达县金融科技的应用面临着经费成本高的困扰，难以有效推广。当前亟待以县为视角，对金融科技的实际应用加以探讨。

县域金融市场建设需要着力于提高金融供需信息对称度、强化当地信用环境、加强金融风险管理。在县域，这些往往离不开政府支持。常见的政府支持方式包括财政奖补政策引导金融资源服务实体经济、汇总信息搭建金融供给需求间的桥梁、建立担保或风险补偿金制度为融资增信、促进信用体系建设构建良好的金融生态环境等。为使政府支持与金融市场发展实现良性互动，金融科技在县域的应用需要满足系统化顶层设计的要求，诸多政策一齐发力；应适应从脱贫攻坚到乡村振兴的金融供需动态变化；应具有长期持续性作用，实现可持续发展。本章通过剖析县域金融市场的典型特征，结合博弈论的理论分析，提出国有智慧金融服务平台依托信息技术发展，可以促进金融服务支持当地实体经济持续高质量增长。同时，建议相对欠发达县的智慧金融服务平台应有别于城市的金融科技专业化、细分化建设，不仅倡导"一县一平台"，通过线上线下相结合的方式，整合县域内外金融服务、农村产权交易和中小企业等相关要素，还要按照市场运行规律，从供需两端齐发力，做好金融服务"最后一公里"工作，通过信息整合与分析，协助金融机构风险管理，强化资金需求方的信用意识并辅助融资选择，充分发挥科技在金融市场建设中的积极作用，从而助力实现共同富裕。

第二节　可行性分析

　　针对前文所述的县域金融市场的现实特征，县域可依托金融科技，提高政府支持金融市场的效率，解决物理地域限制导致的人才和金融资源缺乏的问题，改善信息不对称导致的融资困局，降低投融资匹配的成本并提质增效。智慧金融服务平台是县域充分运用金融科技的重要载体。

一、金融科技在县域金融市场中的功能

（一）金融科技强化金融风险管理

　　就宏观而言，县域民间借贷、互联网金融是正规金融的重要补充。然而，近年来，非正规金融因无固定物理地址、不易统计、数据分散的特点，加剧地方政府监管区域性金融风险的难度，增加地方区域性金融风险。县政府可通过智慧金融服务平台实现民间借贷登记、互联网信息收集汇总，形成区域金融大数据，衡量非正规金融规模、判断风险隐患、防范区域性金融风险。微观而言，金融机构在县域开展贷款业务的主要担忧集中在信息的缺失和产业发展的不确定性所带来

的金融风险。大数据技术、人工智能等金融创新技术可以促进金融机构以较低的成本，针对县域的实际特点优化贷款产品，改变县域风险管理约束，降低传统贷款业务中对抵押担保物的高要求，缓解金融供给抑制。一方面，金融机构可利用网络舆情信息分析、贷款场景构建、模型预测判断等方法，补充人民银行征信系统中的标准信息，综合分析融资方的还款意愿和还款能力，准确判断贷款的信用风险，加大信用贷款发放力度。另一方面，通过大数据技术储备产业发展中的数据流、财务流和物联流信息，可以帮助金融机构更好地凝练产业发展的特点，针对产业发展不同阶段、不同环节的特点，结构化分析潜在的金融风险，有针对性地为融资需求方提供金融支持。

（二）金融科技保证数据信息的标准化及一致性

区块链技术是金融科技的重要工具。区块链技术可以实现在互联网中的局部（某一区块）信息的分布式存储，从而在保护隐私的前提下，保证数据的一致性和存储的标准化。根据县域局部知识特点，区块链技术可以将散落的信息，以标准化、开放性的形式存储在互联网上，不仅避免了局部信息的篡改，同时加强了数据信息的流通和共享。对融资业务的各方参与者而言，区块链技术打破信息孤岛，有利于地方政府对金融活动的监管；以机构为业务节点的联盟链中，各金融机构是对等的节点，有利于降低金融机构在县域地区开展金融业务的拓荒成本；数据信息的标准化加强金融市场信息透明度和对称性，有利于融资方了解各类金融产品，优化融资产品选择，同时强化融资方的信用意识。

（三）金融科技提高投融资匹配的效率，降低运营成本

智慧金融服务平台可以通过互联网技术，与县域以外的金融机构搭建业务绿色通道，在不增加金融机构业务成本的前提下，健全当地金融体系，引入适当金融竞争，提高当地金融供给。同时，智慧金融服务平台可以通过应用以 XGBoost、ANN 为例的人工智能分类模型，根据区块链及云计算存储的大数据，将融资方自动分类，并匹配相应的金融产品，提高投融资匹配效率；以 AIDA 为例的人工智能决策算法，可以通过自学习，测算保险产品的定价及银行贷款产品的信用评分，降低线下尽调的时间和人力成本；以 OCR 为例的光学字符识别技术，可运用到金融合同的分析中，使合同标准化，加速合同的处理效率，从而降低投融资过程中的成本，同时减少操作风险。

二、智慧金融服务平台应用的可行性分析

(一) 智慧金融服务平台符合乡村振兴的需要

2021 年 4 月 29 日出台的《中华人民共和国乡村振兴促进法》中特别强调了"持续推进脱贫地区发展"、"实现巩固拓展脱贫攻坚成果同乡村振兴有效衔接",提出要"加强乡镇人民政府的服务能力建设",并鼓励"金融机构依法将更多资源配置到乡村发展的重点领域和薄弱环节"。县域地方政府,尤其是欠发达县域,有推动金融市场建设的内生动力。结合金融行业的强市场化属性,长期来看县域的金融市场必将从政策依赖过渡到市场选择,构建符合市场化特点、可持续的金融市场支持方案具有必要性。中国人民银行印发的规划中也体现了通过金融科技增强金融核心竞争力是必然趋势。智慧金融服务平台可以通过科技手段集合域内域外的金融供给,提高融资方与供给方的匹配效率,协助解决金融风险管理难题,是县域提高金融服务能力的重要抓手。

(二) 智慧金融服务平台可系统化解决县域金融发展中的困境

一是县域智慧金融服务平台市场化的运营方式,从满足当地的金融需求出发,通过降低金融机构的成本和提高当地金融生态环境质量,实现社会福利和金融机构运营的双重目标。二是县域地方政府可通过智慧金融服务平台实现民间借贷登记、互联网信息搜集汇总,形成区域金融大数据,衡量非正规金融规模、判断风险隐患、防范区域性金融风险。三是智慧金融服务平台通过大数据技术进行局部信息汇总和标准化处理、构建贷款场景、提高金融供给与需求信息传导精度等方法,帮助金融机构,特别是缺乏金融科技系统的农村金融机构,对潜在的金融风险进行结构性分析,降低运营成本,加大信用贷款发放力度。四是智慧金融服务平台可以通过互联网技术,与县域以外的金融机构搭建业务绿色通道,在不增加金融机构业务成本的前提下,健全当地金融体系,引入金融专业人才,有助于提高针对当地产业发展的金融供给。

(三) 县域具备构建智慧金融服务平台的条件

一是作为行政单元,县地方政府具有整合域内局部信息和金融资源的条件。二是在新一轮科技革命背景下,大数据、云计算、区块链、人工智能等科学技术的跨越式发展,为县域应用金融科技手段提供了技术条件。三是在县域信息话建

设及脱贫攻坚中，县域扶贫产业和贫困户信息的深入梳理，为智慧金融服务平台提供了数据基础。四是县域融资方的金融意识不断增强以及金融机构深度参与县域金融活动，都为智慧金融服务平台的构建积累了丰富的经验。

第三节　智慧金融服务平台赋能县域金融市场的博弈模型分析

智慧金融服务平台在汇集域内域外金融资源的基础上，更为重要的是通过各种办法缓解金融供需方信息不对称的难题，增加金融供给，减少违约的发生。参考张维迎（2000）、郝丽萍和谭庆美（2002）、薛菁和陈川林（2018）以及张启文和刘佩瑶（2020）等文献，本章以金融机构、融资方及智慧金融服务平台为研究主体，构建一次性非合作动态博弈模型，分析智慧金融服务平台改善县域金融市场的具体情况。

一、假设条件

首先，假设模型的参与者包括县域智慧金融服务平台、金融机构、融资需求方（企业或个人），且都是理性经纪人，即金融机构与融资需求方的目标是效用最大化。国有企业发起的智慧金融服务，不仅要承担国有企业社会责任，以实现共同富裕为目标，同时作为独立法人，有运营要求，因此效用由财务效用与社会福利两部分组成。其次，县域金融市场上存在信息不对称，融资需求方具有局部知识有信息优势，金融机构作为金融供给方，不能完全了解融资需求方的所有信息。再次，参与者之间为一次性非合作动态博弈，参与者独立作出行动决策，但参与者的行为会根据其他参与者的行为作出调整。最后，智慧金融服务平台根据自己掌握的融资方相关信息数据，为金融机构提供关于贷款发放决策的参考数据或投资报告；同时可以为融资需求方提供贷前填写表格、辅助准备贷款申请材料等服务工作，为金融机构贷款审核提供便利。模型中假定平台根据融资需求方的实际情况提供的独立报告，有可能会促进金融机构贷款发放，也可能会抑制金融机构贷款发放；金融机构最担心融资方是否会发生违约，在进行贷款发放决策时，金融机构以自身信贷政策为准，智慧金融服务中心提供的材料作为补充信息，辅助决策。融资需求方在得到金融机构的贷款后，有违约的可能性。

二、模型设置

假定在县域金融市场中，融资企业的融资额为 X，融资方在得到融资后的策略集合为 D（不违约 Da，违约 Da′），融资方的收益率为 R。金融机构的策略集合为 A（发放贷款（A），不发放贷款（A′）），金融机构收取利率（r）。智慧金融服务平台以独立第三方的身份提供融资方相关的更多信息，协助金融机构作出贷款决策，智慧金融服务平台提供支持贷款合约的概率为 P，平台收取费用 X×S，不支持的概率为 P′。当平台不能为贷款提供支持信息时，理性融资方会选择直接与金融机构对接，因此不产生平台服务费用。在智慧金融服务平台参与的融资交易中，融资方一方面担心信用不好导致较差的信用记录，另一方面按照合约约定需要给智慧金融服务平台缴纳罚款（F），因此，可降低融资方违约意愿，融资方守约的概率（P_{b1}）大于融资方违约的概率（P'_{b1}）；因有更好的信用记录，融资方提供的抵押为 G 不大于没有平台参与时的抵押 G′，G≤G′。在智慧金融服务平台提供的信息为支持态度的情况中，金融机构可以用更低的成本获取更全面的信息，金融机构发放贷款的概率为 P_{a1}，不发放贷款的概率为 P'_{a1}，且 $P_{a1}≥P'_{a1}$，金融机构的成本为 X×c 小于等于没有智慧金融服务平台支持时的成本 X×c′。没有智慧金融服务平台参与的融资交易中，金融机构发放贷款的概率为 P_{a2}，不提供融资贷款的概率为 P'_{a2}，且没有智慧金融服务平台参与的融资交易成功率较小，$P_{a1}≥P_{a2}$；融资方违约概率为 P'_{b2}，守约概率为 P_{b2}，且 $P_{b1}≥P_{b2}$。企业获得金融机构的资金支持后，可以创造更多的社会财富，带来社会福利 W，企业违约，破坏社会信用环境，造成社会福利损失 w。动态博弈的过程如图 9-1 所示。

智慧金融服务平台提供积极支持贷款的信息，融资方通过平台对接金融机构，有如下几种可能的场景：

场景 1：结合智慧金融服务平台提供的信息，金融机构根据自有贷款政策，发放贷款，贷款到期后融资方履约。

场景 2：结合智慧金融服务平台提供的信息，金融机构发放贷款，贷款到期

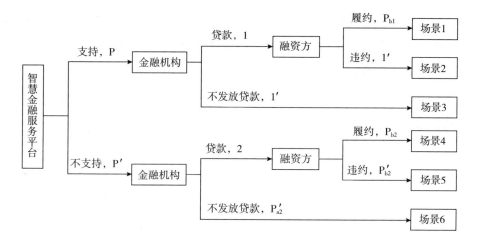

图 9-1 智慧金融服务平台动态博弈过程

后融资方违约。

场景 3：虽然智慧金融服务平台提供的信息有助于缓解金融机构的风险顾虑，但金融机构根据自有贷款政策，仍决定不发放贷款。

智慧金融服务平台没有提供贷款相关积极支持信息，融资方选择不通过智慧金融服务平台，直接与金融机构对接：

场景 4：金融机构按照贷款政策，发放贷款，贷款到期后融资方履约。

场景 5：金融机构按照贷款政策，发放贷款，贷款到期后融资方违约。

场景 6：金融机构没有发放贷款。

三、模型分析

（一）金融机构角度

金融机构的期望效用如下：

$$U_A = P \times P_{a1} \times [P_{b1} \times (Xr-Xc) + P_{b1}' \times (G-X-Xr-Xc)] + P' \times P_{a2} \times [P_{b2} \times (Xr-Xc') + P_{b2}' \times (G'-X-Xr-Xc')] \quad (9-1)$$

当 $U_A \geqslant 0$ 时，金融机构选择发放贷款。由等式（9-1）可以看出，当（Xr-Xc）、（G-X-Xr-Xc）、（Xr-Xc'）、（G'-X-Xr-Xc'）四项都大于 0 时，$U_A \geqslant 0$。故而，$G \geqslant X+Xr+Xc$，$G' \geqslant X+Xr+Xc'$。因为 $c \leqslant c'$，得出在智慧金融服务中心参与

的贷款行为中，金融机构的成本降低，在金融机构保证同样的利润下，具备降低抵押物要求的可能性，从而缓解融资需求方抵押担保物不足的问题。

（二）融资方角度

融资方的期望效用分析如下：假设在融资方不违约的情况下，融资方的期望效用函数为 U_{B1}；若融资方违约，则其期望效用函数记为 U_{B2}。具体为：

$$U_{B1} = P \times P_{a1} \times P_{b1} \times (XR-Xr-Xs-X) + P' \times P_{a2} \times P_{b2} \times (XR-Xr-X) \qquad (9-2)$$

$$U_{B2} = P \times P_{a1} \times P'_{b1} \times (XR-G-Xs-F) + P' \times P_{a2} \times P'_{b2} \times (XR-G') \qquad (9-3)$$

当 $U_{B1} \geqslant U_{B2}$，融资方选择不违约。假设融资方收益既定的情况下，在智慧金融服务平台参与的贷款活动中，融资方是否违约，主要取决于融资方的本息之和与抵押物及违约罚款之和的关系。当 $Xr+X \leqslant G+F$ 时，融资方按约定还本付息。在没有智慧金融服务平台参与的贷款活动中，当 $G' \geqslant Xr+X$ 时，融资方不违约。当 $G' = G+F$ 时，融资方的履约约束一样，智慧金融服务平台的罚款，加大了融资方的违约成本。在智慧金融服务平台参与的融资活动中，金融机构在保持风险可控的前提下，可适当减少对融资方的抵押物要求；或在同样的抵质押物要求下，有智慧金融服务平台参与的融资贷款活动，金融机构承担的风险更小，因此，金融机构更愿意提供资金支持。在融资额、利率、费率、担保物既定的情况下，融资方是否偿还贷款，主要取决于融资方的项目收益和智慧金融服务平台对融资方违约的罚金。一般而言，融资方的项目收益有一定的不确定性，因此智慧金融服务平台加入到融资活动中，提高了信息的透明度，加强了奖惩制约机制，有利于扼制融资方的违约意愿。

（三）社会总福利

U_{w1} 是智慧金融服务平台参与下单笔贷款活动带来的社会福利；U_{w2} 是没有智慧金融服务平台参与，由金融机构直接给融资方发放贷款带来的社会福利。具体如下：

$$U_{w1} = P_{a1} \times P_{b1} \times W + P_{a1} \times P'_{b1} \times (W-w) \qquad (9-4)$$

$$U_{w2} = P_{a2} \times P_{b2} \times W + P_{a2} \times P'_{b2} \times (W-w) \qquad (9-5)$$

因智慧金融服务平台可协助贷款活动的进行，按照上文假设条件，$U_{w1} \geqslant U_{w2}$，智慧金融服务平台参与到借贷活动中，是县域社会福利角度下的最优选择。

（四）智慧金融服务平台

智慧金融服务平台的期望效用如下：

$$U_{c1} = XS + F + U_{w1} \tag{9-6}$$

智慧金融服务平台的总效用由服务费、违约罚金及带来的社会福利共同决定。智慧金融服务平台的基本运营成本由服务费与违约罚金覆盖。

通过上述博弈模型的分析可知，智慧金融服务平台通过数据信息整合和相应的金融辅助服务，可强化金融机构的风险管理，降低金融机构对融资需求方的抵押物要求，提高金融供给，优化金融配置，从而推进产业发展，增加社会福利。

第四节　本章小节

县域政府可以通过智慧金融服务平台将金融科技应用到当地金融市场的建设中，从而以市场化手段消除发达地区与欠发达地区金融市场、当地金融供给与需求的不均衡现象。结合县域政府资金紧缺、金融业务小而分散、县域金融意识相对较薄弱的特点，县域应以产业为依托，集中力量汇集整合县域里的所有金融资源，打造"一县一平台"。并结合县域局部知识性和金融供给不足的特点，通过线上与线下相结合的智慧金融服务平台，提升融资效率。同时，智慧金融服务平台以国有性质为最优，其服务要符合政府支持与市场竞争良性互动的规律。

第十章 主要结论与政策建议

第一节 主要结论

县域是具有中国特色的行政单位，也是区域经济的最小单元。我国幅员辽阔，县域与城区在发展阶段、发展动力、发展路径、金融需求等方面都有极大不同，发挥好金融推动县域经济发展的主力军作用，是中国特色金融发展的必经之路。县域因实体经济发展缓慢、金融市场不健全、金融风险管理困难等，往往不受金融机构青睐，容易出现市场失灵现象，导致资源配置不均衡。面对信息不完全、外部效应等诸多问题，县域金融与经济发展更需要政府的支持，从而促使资源合理有效配置。本书在县域政府与市场联动的视角下，对县域金融发展展开了充分的讨论，并得到如下主要结论：

一、县域金融发展离不开政府与市场有效联动

县域金融是以县级行政区划为范围开展金融活动的总称。从有为政府和有效市场的角度来看，县域金融有较强的市场化特征，同时高度依赖政府政策的引导。从我国实践来看，县域金融市场发展水平和政府支持水平都存在不均衡的现象，且多数县域地区金融发展水平较低，县级政府对金融市场支持程度较小的地区占多数。

二、县域传统金融和数字金融的发展都呈现出空间效应

县域传统银行竞争水平、数字金融发展水平、数字金融覆盖广度、数字金融使用深度、数字金融的数字化程度都存在显著的空间正相关性，即传统银行竞争程度、数字金融发展水平在本县较高则其在周围地区也较高，在本县较低则其在周围地区也较低，呈现高—高集聚和低—低集聚的特征。将县域按特征进行区分后发现，革命老区、片区与非片区相邻县金融发展也存在正相关性。空间关联效应与县域地理空间位置、县域政府之间的竞合关系以及县域政府的行政隶属关系都有关。

三、政府支持是促进县域金融发展的重要因素

总体而言，政府支持促进县域金融市场发展。当其他条件不变的情况下，县域政府财政支出水平与GDP的比值越高，金融发展规模越大、效率越高，资金配置效率就越高。政府推出的金融政策数量越多，当地金融发展的规模越大，但是金融资金配置的效率反而会下降。县域政府干预程度会影响数字金融对传统银行竞争的空间溢出效应。县域政府适当加强政策影响会增加数字金融对本县传统银行竞争的促进作用，对县域外传统银行竞争产生正向空间溢出效应。中央、省区市等更高层级政府的整体规划有助于县域之间金融市场发展抱团取暖，形成合力。

四、政府政策在不同特点的县域作用不同

对于国家级贫困县、乡村振兴重点帮扶县和革命老区等不同特点的县，政府支持金融市场发展的效果不同。县域政府出台政策文件往往会促进欠发达县域的金融发展，县域政府财政支持对发达县域金融发展作用往往更大。

五、政府与市场有效联动下县域金融发展促进实现共同富裕

金融发展与共同富裕之间存在显著的门限效应且与地方政府行为密切相关。适度的政府干预有利于金融的健康发展和共同富裕的实现。政府财政政策在适度范围内，县域金融发展更加有利于共同富裕的实现；反之，影响效应明显下降。

第二节　政策建议

研究政府支持与市场竞争良性联动下金融支持县域经济可持续发展，目的在于客观定位政府支持的着力点和方向，进一步促进金融市场发展，进而全面推动县域经济高质量发展。基于上述研究结论，本书提出如下政策建议：

一、中央政府加强地方金融的顶层制度设计，统筹县域金融市场制度建设

建议进一步推进全国统一征信系统、推进农村产权制度改革、制定对特定地区的金融规划等，一方面形成合力，推动金融资源向县域下沉；另一方面避免县域地方政府各自为战导致的资源浪费、无序竞争现象发生。

二、县域地方政府应高度重视当地金融发展，明晰财政与金融的差异，以市场化手段促进当地金融发展

一是通过成立县委书记和县长牵头的金融综合改革工作小组，全局把握县域发展的特点和未来发展目标，合理设计地方金融支持经济发展的长期规划，加强金融对实体经济的支持。二是通过完善政府考核制度，激励县域各级领导干部重视金融在当地经济发展中的作用。三是激励金融机构更好地服务于当地企业，促进信贷资金回流，形成可持续发展、可自循环的金融生态环境。四是县域政府不仅要充分体现当地企业和居民的实际金融需求，还要考虑金融市场主体的需要和政策的可持续性，杜绝因政绩考量等原因而造成一刀切的现象，阻碍县域金融市场的良性发展。五是重视当地金融生态环境建设，注重整体性与局部性的结合、长效及短效的结合、多变性与一致性的结合，对接金融市场，整体筹划，建立诚信的金融环境。六是结合金融人才流动特点，通过市场化的用人机制，合理设计薪酬体系及职业晋升规划，吸引金融人才。同时，充分利用现代通信及互联网技术，允许远程办公等形式，吸引金融人才为县域服务。七是注重宣传引导，增强居民金融生态意识，提高居民金融素养。

三、县域金融建设中要坚持"市场主导、政府引导"的方针，助力全国统一大市场建设

明确政府与市场二者的边界，市场机制和政府支持是影响资源配置的主要方式，促进县域金融发展要坚持以市场机制配置资源的主体地位。以市场机制为主体并不意味着政府支持完全退出金融市场，由于公共物品、外部性影响和市场失灵的存在，必要时需要施加适度的政府支持来弥补市场失灵的不足。在全国统一大市场建设过程中，应优先发挥市场的力量，政府适当地增加对金融市场的支持程度。可采用市—县联动的方式，构建良好的竞争机制，优化金融生态环境。市级政府应合理规划，统筹协调，打破县域间金融市场的壁垒，促进金融资源的高效配置；县级政府间要加强合作交流，避免因过度竞争导致市场扭曲发展，不利于缩小县域之间金融发展差距。

四、充分把握科学技术革命的新机遇

一是县域政府可充分利用互联网、大数据等技术，有效突破县域的地域限制、物理条件差的硬束缚，形成片区合作模式，抱团取暖，拓宽各类金融资源的获取途径。二是要充分发挥市场主导作用，适度加大金融机构之间的有序竞争，营造金融科技与县域经济协调发展的有利环境，发挥科技和经济的扩散和溢出效应。三是通过市场化手段与银行或第三方科技公司合作，挖掘金融可用数据、搭建信用评价体系，在加大金融市场信息对称程度的同时，优化当地金融生态环境。四是通过金融业务模式创新和技术思维创新，利用区块链技术赋能供应链金融，破解中小企业贷款难题。五是充分探索数字化与产业化融合的创新路径，丰富县域地方政府干预金融市场的措施，以产业变革带动当地金融市场高质量发展。

五、构建良好的竞争机制，激发县域金融发展潜力

由于当前县域金融市场构成较为单一，政府部门要积极构建良好的金融市场竞争机制，引入多元化金融机构和金融产品。同时，传统金融机构应积极开展数字化转型，引入金融科技人才，加大科技研发投入，建立数字化平台，创新金融产品，因地制宜、因人制宜，形成差异化竞争优势。让政府和市场形成良性联动，激发县域金融市场发展潜力，助力县域经济发展。

六、充分发挥国有企业平台带动产业发展的金融效用

县域政府可引导当地国有企业平台，在政企分离的前提下，遵循市场化的运营原则，缓解小微企业的融资困局，协助企业发展壮大，带动地方产业发展。一是做大做强国有担保公司。拓展担保范围，实现担保规范化，完善县域担保体系。二是市场化基金运作，健全县域直接融资市场。三是充分发挥国有平台公司的优势，引领带动符合当地资源禀赋的重点产业发展。相较于民营企业，地方国有平台具备全局掌握资源禀赋的条件，拥有较为先进的发展理念，抗风险能力较强，融资压力较小，同时聚集了一部分优秀人才。县域可充分利用国有平台公司优势，带动引领重点打造的产业。四是依托国有平台公司搭建智慧金融服务平台通判解决县域金融市场发展的难题。

附录 政府与市场联动视角下的
典型案例

第一节 "保险+期货"支持县域经济发展案例

一、案例背景

(一)项目背景

我国作为一个农业大国,国土广袤,丰富的地理环境提供了种植各种粮食作物的自然条件。近年来,自然灾害发生的频率和造成的损失呈不断上升的趋势,尤其是部分主产区台风、暴雨、蝗虫等自然灾害频发,严重影响我国农民增产增收。农业农村持续稳定发展面临超出预期的重大风险,这些重大风险既可能来自重大自然灾害,也可能由国际贸易形势突变,导致价格、市场异常波动,还可能因其他领域的传导波及而在农业农村领域形成负面效应。目前我国农业遭受风险损失时,农民主要通过政府灾害救助、社会募捐、农业保险等方式得到补偿,市场化管理手段仍然比较缺乏、运用不够广泛。

期货市场诞生之初就是为了解决农产品因季节、流通、仓储等因素导致的价格波动和供需矛盾。近年来,随着期货市场的发展,金融衍生工具的形式和内容不断丰富,既有期货、期权等场内工具,也产生了场外期权等衍生工具。我国农业经营者呈现小而散、专业知识缺乏的特点，如何有效对接期货市场发展与农业风险管理需求，让期货衍生品"飞入寻常百姓家"成了中国期货市场不断探索的现实命题。"保险+期货"模式很好地解决了当前我国农业面临的两个主要痛点，2023年中央一号文件连续8年再提优化"保险+期货"试点模式，这一特色金融支农模式在保障农户稳收增收、推动乡村产业健康发展、助力乡村振兴方面进一步得到了国家层面的高度认可。"保险+期货"这一中国特色的期货支农支小模式，是把一家一户办不了、办起来不划算的事交给期货市场来办，把农产品价格变化的风险交给期货市场进行市场化管理，把中小农户与大市场有效衔接起来。

（二）"保险+期货"的基本情况

一直以来，我国粮食领域呈现出高产量、高库存、高进口、高价格的"四高"叠加特征，主要粮食支持政策面临巨大挑战。针对这一系列问题，2014年以来国家逐步取消了棉花、大豆、油菜籽、玉米等重要农产品的临时收储制度，导致粮棉市场价格波动加大，如何保护农民的生产积极性成为迫切需要解决的国计民生问题。从金融角度来看，期货和保险产品是控制风险的两个重要的工具。2015年，大连商品交易所率先将保险公司引入已经相对成熟的"场外期权"模式，并在玉米、鸡蛋等品种上开展了三个试点项目，"保险+期货"模式应运而生。从2015年小范围试点工作开始，到2022年已在全国范围内遍地开花，项目赔付效果良好，在促进农户增收和农业风险管理方面逐步得到社会各界认可。

"保险+期货"，顾名思义是将保险和期货两种金融工具有机结合以分散标的物风险。在农产品方面，"保险+期货"具体思路为农民、合作社或涉农企业通过购买价格保险产品将风险转移给保险公司，保险公司通过购买场外期权产品将风险转移给期货公司，期货公司进入期货市场交易对冲风险。

"保险+期货"的流程大体分为五步：第一步，制定生产者收益保障方案。合作社通过租地协议、保底价订单等形式，涉农企业通过订单合同等形式将农民组织起来，农民从中获得稳定的土地租金或保底收益，有的农民还可获得农产品价格上涨后的二次分红。第二步，合作社、涉农企业从保险公司购买价格或收入保险，如果投保产品价格或收入在到期日低于保险合同约定的价格或收入，保险公司向投保方赔付价差款。第三步，定制场外期权。保险公司向期货（或证券）

公司购买看跌期权，约定未来卖出价格。如果农产品市场价格在到期日下跌至约定价格以下，风险管理公司须向保险公司赔付价差款；如果到期市场价格高于期权合同约定价格，保险公司可放弃按约定价格卖出的权利。第四步，通过期货市场对冲风险。期货（或证券）子公司作为场外期权出售方，通过承接保险公司的风险来获取权利金收入，然后凭借其在研发、技术等方面的优势和能力进入期货市场交易，将转移过来的风险进行套期保值、风险对冲，得到合理收益。第五步，期货（或证券）公司子公司选择行权支付价差、保险公司赔付农户。

二、案例内容

（一）叶县"保险+期货"项目情况

在 2020 年这个脱贫攻坚的决胜之年，为进一步贯彻落实中央提出金融服务"三农"的各项工作部署，河南省叶县开展了"保险+期货"金融保险联合创新试点项目，积极探索建立农业补贴、涉农信贷、农产品期货和农业保险联动机制。

叶县作为河南农业大县，玉米常年播种面积在 57 万亩左右。玉米"保险+期货"收入险试点项目将有助于当地农户了解更多农业风险管理手段，帮助农户实现风险转移，保障收入来源，深化农业发展，助力脱贫攻坚。

（二）项目参与主体与分工情况

河南省平顶山市叶县是河南省省定扶贫开发工作重点县，也是河南农业大县，玉米常年播种面积在 57 万亩左右。叶县于 2019 年脱贫摘帽，为巩固脱贫成效，当地政府对玉米"保险+期货"项目给予多方大力支持。叶县开展玉米收入险将有助于当地农户规避风险且助力精准扶贫，对于保障地方农业经济发展和提升抗风险能力具有重要作用。叶县"保险+期货"项目参与主体及分工情况如下：

1. 专项工作领导小组

地方政府为保障项目各环节顺利推进，联合多部门成立专项工作领导小组。专项工作领导小组由县政府、财政局、农业局、扶贫办、金融局、农险公司等部门组成，负责玉米收入险工作的组织协调，联合制定实施方案，召开各级动员会议；对项目实施进行监督和管理，对项目测产等易产生问题的环节进行协调；安排农业部门专家对测产结果进行监督和修正，同时协调各单位，确保试点工作有序开展。具体分工：县扶贫办公室协助提供贫困户名单，保障贫困户认定的准确性；农业农村局提供玉米相关产量、种植面积数据等工作，指导乡镇政府、村委会组织农户投保，协助确定农户种植及参保面积，协助开展标的查验及理赔查勘、定损等工作；县财政做好资金拨付、清算和监督检查，并为全县种植玉米投保贫困户提供80%的保费补贴。

2. 期货公司

作为项目申报主体，负责项目的整体统筹和推进，包括项目调研走访、场外期权产品设计、场内对冲、项目相关材料报送、组织培训宣传等。

3. 农险公司

依托完善的农村服务网点，配备和培养专业人才，在保险宣传、承保、理赔等方面提供支持。①在政府督导对当地玉米种植户进行测产定产的基础上，负责收入保险产品的设计与推广；②在试点区域内出资50万元设置公益岗位，聘请叶县1200户贫困户为公司保险宣传员和助理协保员，按季度发放劳务工资，为贫困户脱贫提供就业保障，增强脱贫内生动力；③向村集体出具贷款保证保险承担融资总额60%的担保。

4. 叶县粮海种植专业合作联合社

①将玉米收入保险赔款权益转让给农商行，为村集体融资增信；②为村集体提供粮食保底收购服务，解决农民售粮问题。

5. 河南粮海农业发展有限公司

①通过"公司+农户"的形式，为27个村集体提供土地再托管服务，提质增效、增产增收、增加农民收入；②依托现代农业产业化联合体，专门为新型农业规模经营主体定制一揽子现代化农业服务；③为村集体融资提供30%风险担保金。

6. 叶县村集体

①与河南粮海农业发展有限公司和叶县粮海种植专业合作联合社，签署"公司+农户"玉米种植三方土地再托管合作协议；②购买农业贷款保证保险，被投保人为贷款方农商行。

7. 叶县农商行

自留 10%风险敞口,向叶县村集体提供资金支持,用于支付托管费用,并受托支付给粮海农业指定主体,粮食由粮海合作社订单托底收购,确保还款来源。农民全程不接触现金、粮食及各项生产资料,确保融资完全用于农业生产,形成信贷资金风险闭环。

8. 贫困农户

建档立卡贫困户联合作为集体直接向农险公司购买玉米收入保险。

(三)项目具体要素

农险公司与农户及合作社经过前期多次沟通,对有关保险产品具体细节达成共识。叶县农户及合作社于 2020 年 7 月 28 日向农险公司提出投保申请,农险公司对保险标的现场查验及公示,确认无误后出具保险单。

在保险期限内,由于产量或价格变化造成保险玉米实际每亩收入低于约定每亩收入时,视为保险事故发生,保险人按照本保险合同的约定负责赔偿(见附表 1)。

理赔金额=MAX(约定每亩收入-实际每亩收入,0)×数量

附表 1 保险产品要素

目标价格	2260 元/吨	参考投保主体需求、场外期权入场时期价格确定
目标产量	合作社: 0.5625 吨/亩 种植大户和贫困户: 0.35 吨/亩	参考当地农村局提供的近五年当地玉米产量及承保地块往年实际产量
保险责任水平	合作社: 80% 种植大户和贫困户: 85%	参考玉米种植成本、预期收益、期货价格、目标产量和大商所项目要求,与投保主体商定
每亩保险金额	743.847 元/亩,其中 合作社: 1019.7 元/亩 种植大户和贫困户: 674.135 元/亩	目标价格×目标产量×保险责任水平

(四)项目效果

在采价期内,玉米期货 2101 合约价格均高于行权价,按照采价期内约定的价格确认方式,采价期内价格高于行权价时,按照行权价确定,最终结算价为2260 元/吨。

以叶县粮海种植专业合作联合社为例:

粮海农业公司（甲）、村集体（乙）、粮海合作社（丙）签订"公司+农户"合作协议，甲方为乙方提供农业现代化服务为299元/亩，当地土地流转费用平均为500元/亩，生产经营成本合计799元/亩。

参保地块玉米大部分生长正常，个别地块受到病虫害影响导致产量受损。根据实际多地样点调查测算，合作社实际产量平均亩产0.4351吨，玉米价格为2266元/吨，收入为985.94元/亩。由于有收入保险的保障，保险金额为1019.7元/亩。获得33.76元/亩的赔偿，即合作社有了收入保险的保障比无保障多收入27元/亩。通过收入保险的保障，确保了土地生产者的最低收入，为保障再生产提供有效保障手段。

农险公司方面，根据实际风险管理需求，确定了场外期权目标价格、数量、周期、采价期等要素，同时对传统亚式期权的采价部分进行了优化，提高了赔付的可能性。

在整个项目运行期间，玉米受多重利多因素影响，呈现趋势上涨行情，采价期内交易日每日收盘价均大于执行价，最终结算价格等于行权价格为2260元/吨，农险公司选择到期自动放弃行权（见附表2）。

附表2　场外期权情况

标的合约	C2101
期权数量	2.0万吨
目标价格	2260元/吨
期权周期	2020年8月24日至11月30日
采价周期	2020年11月1~30日
每日采价	Min（收盘价，执行价格）
结算价格	采价期内每日采价的算数平均值
权利金	65.07元/吨，总计130.14万元

三、案例启示

自2015年创新"保险+期货"项目以来，经过多年推广和完善，"保险+期货"项目的风险和收益已逐步实现"多方共担"，各界认可度和参与度不断提高。不仅金融机构、交易所大力推广"保险+期货"项目，地方政府对"保险+期货"项目开展给予的关注和政策支持力度也越来越大。例如，2022 年 6 月，广西财政厅、地方金融监管局联合印发《2022 年广西"保险+期货"项目试点方案》，这是广西首次在自治区层面统筹推进"保险+期货"项目；2022 年，江苏省财政下达专项补贴资金 1500 万元，支持试点地区符合条件的生猪养殖户参加生猪"保险+期货"。从 2022 年大商所"保险+期货"项目的保费构成看，财政补贴为 2.72 亿元，占比 38%，为历年最高，而交易所补贴为 2.68 亿元，占比 37.5%，为历年最低。在 2022 年的 11 个大豆振兴项目中，除交易所支持资金外，各级财政以及农户等共缴纳了超 70%的保费，其中财政资金支持比例更是首次突破 50%。从以上数据可看出，地方政府在"保险+期货"中的角色已经悄然转变。

对政府来说，"保险+期货"模式是支持农业的新抓手。"保险+期货"对完善国家的农业支持政策、减轻财政负担、提高补贴效率有积极意义。作为一种市场化风险管理工具，国家财政既可支持保险保费，还可探索开展农产品期权权利金补贴，这均属于 WTO 规则中的"绿箱政策"，有利于提高补贴效率。对农户和合作社来说，"保险+期货"模式保障收益相对稳定。在价格保险试点中，农户或合作社通过向保险公司购买价格保险，可较好地进行避险管理，缓解了粮价波动的后顾之忧。当前，正值我国推进粮食收储制度改革的关键期，"保险+期货"对保护农民的生产积极性、扩大规模种植和保障粮食安全有重要意义。对保险公司而言，"保险+期货"模式有效实现了风险转移。传统模式下，保险公司开展价格保险业务、收取保费的同时也将价格风险集中于自身。如果市场出现价格暴跌的极端情况，保险公司将面临赔付金额大于保费的风险。"保险+期货"模式中，充分利用期货市场中的大量金融机构参与者，企业或风险出售者通过合适的价格把风险和收益出售给愿意接受的投资者，完成风险转移。

从"保险+期货"的发展趋势来看，一是"保险+期货"模式逐渐演变为"保险+期货+订单农业+基差收购+银行+政府"等更为丰富的多元化模式，农业经营主体风险管理意识的觉醒、自筹保费、主动管理风险，是"保险+期货"模式的未来。二是投保主体已由个体农户投保，向村集体、种粮大户、合作社、现代农企等规模化新型农业经营主体投保演变。投保主体的"规模化"发展，益于项目各环节协作，利于模式复制和迭代。"保险+期货"模式涉及各方可共同积极引导"投保主体规模化"，如交易所继续引导会员单位项目加大对新型农业经营主体的支持，政府激励大学生返乡、支持村长组织贫困户"团购"保险，银行贷款向合作社、现代农企倾斜等。三是持续提高参与人对"保险+期货"的正确认识。"保险+期货"不等同于财政补贴，也不是政府最低保护价的翻版，而是一种市场化的风险转移和管理机制。应通过多种方式加强宣传，让地方政府、金融机构、农民、生产合作组织等主体正确认识这一机制对于转移农户价格风险、稳定基本收益的作用，使其能客观、积极地参与到试点中。

第二节　丽水"信用+金融"案例

一、案例背景

（一）项目背景

浙江省丽水市是习近平总书记"两山"发展理念的重要发源地。丽水市农业人口占总人口的 60% 以上，2003 年以来，为解决农户融资问题，人民银行丽水市中心支行相继出台了各类政策，但是由于信息不对称以及农村信用体系的不健全，点的突破始终难以实现面的覆盖，因此从"十一五"后期开始，丽水市结合全国农村金融改革创新综合试验区建设，采取"政府支持、人行主导、多方参与、共同受益"的模式，全面探索推进建设农村信用体系，逐步创造出了以信用建档为基础，信用评价为手段，信用惠农措施为落脚点的农村信用体系建设"丽水模式"，有效缓解了农村地区融资难、社会信用管理抓手少等问题，诚信工作制度化在广大农村地区落地生根。

"十三五"时期，在深化全国生态产品价值最大化实现评价机制改革的城市建设试验中，丽水市也成为国家首批小城镇建设的试点市镇之一。人民银行丽水市中心支行抓住机会，试点开展了"两贷一卡"试点业务，为丽水市与"信用+金融"项目的滚动发展提供了一项新思路，同时为经济社会发展需要提供有效信用制度支撑服务奠定了相当坚实牢固的理论基础，为加快丽水市新型社会信用体系平台建设做出重大贡献。

近年来，丽水市以"信用丽水"品牌为引领，筑牢信用根基，深化信用治理，创新信用应用，突出营造优质信用环境，高质量推动社会信用体系建设，积极创建全国社会信用体系建设示范区。同时，丽水市重点推进"信用+金融"建设，不仅促进了创新，更缓解了农村金融机构信息不对称问题，为防范农户的道德风险做出贡献。

（二）"信用+金融"模式的主要内容

"信用+金融"模式是丽水市社会信用体系建设的重要内容之一。"信用+金融"模式顾名思义就是通过信用体系建设和金融两方面来推动农村金融体系的发展。丽水市"信用+金融"模式具体包括：

一是推进"信易贷"建设。首先成立"信易贷"工作推进领导小组，并同时印发《丽水市发展和改革委员会等4部门关于深入推进"信易贷"工作的通知》。其次是通过强化信用信息归集、深化平台信息共享应用、提高平台入驻率等六项重点工作任务的顺利开展来并举发力"信易贷"工作。最后为持续深化丽水市社会信用体系建设，推进"诚信履行贷"业务的开展，从而巩固社会信用体系建设示范区创建成果，创新拓展信用工作有效载体。"诚信履行贷"，它是银行业金融机构依托市法院建立的诚信履行名单库和市发展改革委信用办的公共基础信用数据支撑，创新推出的信贷产品。将主动履行法院判决书或调解书确定义务、没有其他被执行案件且书面同意将相关个人信息推送给金融机构的当事人纳入法院的诚信履行名单；金融机构根据法院推送的名单进行主动对接，为其中有需要的客户提供信贷支持。"诚信履行贷"不仅可以为积极履行法院调解和生效裁判的企业和个人开展生产经营、创业创新、安居乐业提供金融保障，激励和引导诉讼当事人自动履行生效判决和调解确定的义务，让胜诉一方当事人及时兑现权益，增进纠纷矛盾化解的效果，而且可以有效促进社会和谐。"诚信履行贷"是政府、法院和金融机构跨部门信用协作的成果，不仅为诚信者提供信贷支持，也提高案件判决的自动履行率，是对守信者的实践尊重与支持。丽水市中院以"诚信履行贷"为抓手，不断加强信用信息归集、共享、公开和应用，推进公共信用信息和金融信息的共享整合机制，促进形成全社会"崇法守信"的良好风尚和营商环境，为丽水建设共同富裕美好社会山区做出贡献。

二是推进农村金融场景应用，充分挖掘利用农村信用数据成果。丽水市积极推动农村金融信贷结构改革发展创新，打造中国农村区域金融中心"数字信用地图"品牌，动态监测导航各类金融机构高质量精准有效投放信贷资源。一方面通过自主研发的信用信息平台实现信用数据共建共享；另一方面以县域行政村社区和中心乡镇街道为评级单位，分析每个区域农户群体的贷款信用评级分布与状况，评出信用等级，进行区域等级划分，并分类按照"整村批发、集中授信"等形式分级进行授信、集中再授信，实施一系列差别化信贷优惠政策。

三是创新信用惠民便企金融产品。一方面创新推出"生态贷"和"两山贷"等系列金融产品，将生态信用作为金融赋值的重要衡量标准，着眼生态资源资产化、生态资产资本化。截至 2022 年 11 月，共有 24 家金融机构开办"两山贷"业务，累计发放"两山贷"12.98 亿元，惠及农户 13952 户。另一方面开展小微企业"税易贷"，依据小微企业依法诚信经营、纳税信用等级、入库税额等情况实施信用贷款。

二、案例内容

丽水市是全国首个信用体系建设的试点市之一，就信用体系的建设做了很多尝试，不断地推进信用体系的建设，形成了讲诚信、重诚信、守诚信的良好社会氛围，经过多年的发展，丽水市信用体系建设逐步走向成熟。2020 年 12 月，全国 10 个主要地级城市的综合评级信用状况综合在线监测中，丽水市在地级市州地区信用状况监测综合信用指数为 88.23，在 261 个监测地级市综合排名数据中居全国综合排名数据 13 位。2021 年 10 月，丽水市获得国家社会信用体系规范化和建设实施领域的最高级别项目荣誉，成为全国社会信用体系建设示范区。同时，丽水市在国家城市信用状况的综合监测评价中位列第 6，跻身全国十强。基于良好的信用体系建设，丽水市打造了"信用+金融"的模式，具体操作方法如下：

（一）划定信息采集范围，进行农户信息采集

通过以下步骤，采集信息：①领导牵头，顶层设计。上级政府组织部门牵头将各乡镇党政及分管财政领导班子成员及乡镇各大涉农财税部门人员和涉农金融

机构主要行政负责人都集中起来，成立财政工作领导小组，负责整个信息采集过程中的组织与协调工作。②构建县、乡镇、村、农户信用四级联评机制，为全面规范农村信用体系及标准化示范区建设等各项任务提供一个健全有力、廉洁高效的可靠基层组织保障。③所有相关参与项目人员集体签订年度目标责任书，确保农户收集统计工作及指标上报的任务高质量、按时、足额完成。④统一设计农户信用信息档案包括农户全部资料采集及基本记录指标，如采集到农户人口基本身份信息、家庭成员、收支记录情况、房屋财产、林业资产、借贷担保抵押以及信息档案查询等多项内容。⑤小组成员分工开展各项农户信息的调查与采集摸底。

（二）建立农户评价体系

农户信用综合评价规范体系构建主要内容分为下面三个实施步骤：一是制定《农户信用等级评价百分表》，并且明确从个人道德品质、信用记录、经营发展能力状况和履行偿债承诺能力评价等方面定量加定性结合，综合评定个人信用等级，同时规定对于自有农业用房抵押物等农户的各项资产出具资产信用评估鉴定办法，做到明确评价的指标、评分依据标准和具体操作的流程"三统一"。二是由村农户信息采集考核小组负责人就其采集到的农户档案内容以及制定的相关的个人信用评价参考标准，计算出相应的农户档案得分，对于农户信用等级评价做出初步的个人信用判定意见；接着分别在县级、乡镇两级成立农户等级综合评价专家小组，该小组由乡镇政府所在地人民政府分管领导或林业、农业扶贫等工作干部、涉农地方金融机构信贷人员、村两委干部组长和广大农户代表人员组成，对来自整个乡镇行政区域的每个农户进行再一次的综合信用等级的全面评价确认；最后由涉农金融机构信贷人员对信用评价确认工作定期进行信贷业务综合指导评价与授信评级复核。三是村委会将对最终农户等级评价与结果进行公示，接受农民群众监督。通过运用上述一系列综合质量评价工作措施，做到客观、公平、公正、真实的农户信用等级评价。

（三）农村信用评价体系建设成果的应用

在农户信用评价体系的基础上，由丽水市政府牵头，根据信用评价体系的信息，建立农户信息评价数据库。各家金融机构利用农户信息评价数据库更加充分了解到农户的信用情况，并以此判断农户还款能力以及还款履约意愿，并将信用农户、信用村委会（社区）组织、信用乡（镇、街道）组织等情况划分为 4 个不同类型的资信等级，针对性制定差异化的信贷优惠政策。对于信用程度好的农户实行联保贷款优惠政策，通过联合实行农户优先担保贷款、放宽贷款发放额度、简化申请贷款办理手续、实行利率优惠等一系列政策措施，为守信用的农户得到融资提供便利优惠。而对于存在重大信贷违法和违规担保行为的失信农户或企业，实行政府信用评价一票否决制度。

（四）信用数据向金融信息转化

首先是建立标准化转化平台，金融机构和政府合作，出台关于贷款的一系列政策，健全工作机制，确保能够有效解决贷款办理过程中出现的问题，推进贷款工作的稳步推进。

其次是金融机构根据信息库的信息，识别贷款人的还款能力，并且针对不同的农户确定具体的贷款额度和贷款期限。同时，在发放贷款贴息之前，农户需要签订生态保护承诺书，承诺待其顺利获得贴息贷款发放后，仍愿意继续坚持履行生态红线保护监管职责，并且优先选择将部分贷款用于当地绿色产业培育。

再次是对于农户贷款之后的行为跟踪。这一评估环节将主要采取信用奖惩考核并重的评估措施，将农户的行为分别列入信贷正与负面评价清单，参照银行信用评价得分标准，对贷款正面或负面评价清单中的打分标准等进行分类规定，对农户产生的信用行为进行量化积分，积分最高的贷款农户可同时享受信贷优先评估调查、优先授信评级、优先办理授信、优先偿还贷款申请等服务。

最后是建立一些辅助服务功能。例如，举办积分兑换日常用品等活动，农户利用自己得到的积分去兑换相应的奖励，从而提高农户信用保护的积极性，在推动信用体系建设的同时，提高农户的自觉性（见附图 1）。

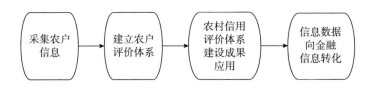

附图 1 "信用+金融"模式具体操作办法

三、案例启示

在丽水"信用+金融"模式中，充分体现了政府与市场良性联动。从政府角度看，在采集农户信息时，政府可发挥统筹全局作用，组织与协调整个采集工作；在建立农户评价体系时，在县级乡镇行政单位成立专家小组，为所涉及的农户进行评价给分。从市场角度看，在组建好平台后，充分发挥平台的优势，能有效降低涉农贷款的管理成本，减少金融机构贷前检查所需要花费的人力物力成本，并有效降低贷款风险，提高贷款效率，同时有助于优化当地金融生态环境。丽水市信用体系建设，尤其是"信用+金融"的模式，有以下启示：

（一）健全组织机制，强调顶层设计

丽水市社会信用体系建设取得的成效离不开当地政府的引导与干预。在信用体系建设之初，成立由市长担任组长的工作领导小组，明确市直部门的条块管理责任和各县（市、区）的属地职责，并召开全市示范城市建设动员大会，强化地方政府的顶层设计。工作领导小组通过多种办法稳步推进信用体系建设，促进各级单位或部门形成强大合力。具体包括：共同商议并印发各类政策文件，建立专门的工作机制；通过"日碰头、周例会、周通报、月分析"，定期督查各部门工作开展情况；将信用体系建设情况纳入市委政府综合考核中等。

（二）优化系统平台，促进信息共享

通过专业化公共信用库建设，对信用信息平台的基础建设和功能应用进行强化，提高信用信息的应用服务能力。利用信息技术，推进数字政府、数字社会、"花园云"码上信用等工作，健全机制化信息共享渠道，强化多部门、多平台数据互联互通。加强信用信息归集，规范行政许可、行政处罚双公示信息公开，实现信用信息全量、及时、准确归集上报，加强数据归集规范化。开通"信用丽水"门户网站和"信用丽水"微信公众号，发布政策法规、信用公示、联合奖惩、典型案例等内容，为全社会提供信用信息一站式查询服务。

（三）信用奖罚分明，专业精准治理

一是进行信用检查。充分发挥信用在行政管理、市场准入、奖励认定、预警等方面的作用，切实保护各类主体合法权益。二是对人防、食药、卫生等29个行业进行信用评级分类监管。三是全面开展专项文件清理规范工作。根据《国务院办公厅关于进一步完善失信约束制度构建诚信建设长效机制的指导意见》的有关要求，对企业的失信行为进行严格的约束，并在此基础上建立了一套有效的监督和评价机制。四是发布《丽水市人民政府关于建立健全失信联合激励、失信联合惩戒加快社会诚信建设的实施意见》，建立并完善企业诚信经营联合考评激励政策和欺诈恶意营销联合执法惩戒制度。五是结合丽水市的实际情况，对电信网络合同诈骗、互联网信息技术服务、防疫医药物资产品质量安全监管和商品交易市场秩序、扶贫与脱贫协作等社会重点领域内的失信问题进行专项集中治理。六是依法对各类严重环境违法与失信经营行为开展专项检查和治理，对"屡禁不止、屡罚不改"的严重违约失信责任主体人开展联合专项执法治理，建立台账、明确分工，并建立长效机制。

第三节 农村产权交易中心支持经济发展案例

一、案例背景

(一) 项目背景

农业、农村、农民缺乏合格的抵质押物是制约金融机构向其发放贷款的最重要的因素之一。我国一直在探索将土地盘活，通过农村"两权"抵押贷款，解决"三农"领域中的融资难题。

山东省作为农业大省，以潍坊市为试点率先走上了农村产权交易和"两权"抵押贷款的探索道路。2010年5月，潍坊市成立了山东首家农村产权资本化交易市场，在3年多时间里完成8200宗交易、3.8亿元交易金额，让农民手中的产权流动起来。2012年，潍坊市开始对农村集体土地确权登记，发放证书，解决了农村承包土地面积和地界不准确、权益保障难等问题，成为全省首个通过省级检查验收的地市，同时也是第一个完成集体土地所有权、完成集体建设用地使用权确权登记发证的地市。2013年12月，潍坊市发布了《关于进一步加快全市金融创新发展的若干意见》，指出要在潍坊市打造全省农村金融改革创新实验区、设立集交易、抵押、融资等金融服务于一体的齐鲁农村产权交易中心。

2014 年，齐鲁农村产权交易中心正式开始运营，总部位于潍坊国家农综区核心区，注册资本 5000 万元，是由潍坊市金融控股集团有限公司作为主发起人，联合省国际信托有限公司、汇银融资租赁有限公司等 5 家企业与政府合作共建的交易平台，政府负责协调各级职能部门搭建农村产权服务体系，而潍坊市金融控股集团有限公司等单位负责投资和市场运营，面向全省开展农村产权交易、农村金融服务及信息发布等相关配套服务，成为省内唯一一家经政府批准成立的省级综合性农村产权交易服务机构和全国第一个实现股权多元化且提供多元金融服务的农村产权服务中心。2020 年 6 月，在山东省政府支持下，齐鲁农村产权交易中心改名为山东农村产权交易中心，实现向省级平台转制升级。2020 年 10 月，山东省地方金融监管局为山东农村产权交易中心颁发了山东省唯一一张农村产权权益类交易业务许可证，山东省农业农村厅授权山东农交中心牵头，与各地市合作联动，组织建设运营全省统一的农村产权交易市场体系，承接山东省集体产权制度改革成果转化和应用，接受省农业农村厅业务指导和省地方金融监督管理局交易监管。

（二）农村产权交易

农村产权交易既包括农村不动产权交易也包括农村动产交易。农村不动产权包括农村土地经营权、林权、农民闲置住房使用权等农民或者业主拥有的不动产权；农村集体经营性建设用地使用权、小型水利设施使用权、荒山荒沟荒丘荒滩等"四荒地"使用权；农村集体闲置用房、农村集体果园鱼塘门面冻库等经营性资产使用权等。农村动产包括农村集体拥有的农产品、林木、机器设备、畜牧产品等的处置；农村集体或者农民个人拥有的专利、商标、新品种、新技术、版权等农村知识产权。其中，土地是农村的主要资产，也是农村产权交易的重要内容。

中国人民银行在 2008 年就开始组织引导金融机构因地制宜探索农村"两权"抵押贷款业务。两权抵押贷款指农村承包土地的经营权抵押贷款、农民住房财产权抵押贷款。但由于当时土地登记确权制度尚不完善，没有规范的农村产权交易市场，两权抵押业务出现了产权归属不明、抵押物难变现等问题。随后，党的十八届三中全会发布的《中共中央关于全面深化改革若干重大问题的决定》提出，要慎重稳妥地推进农民住房财产权和土地经营权的抵押融资，将在县、乡两级设立产权流转交易平台，为农民宅基地和农村土地承包经营权的抵押提供中央层面上的政策支持。2016 年，中共中央办公厅、国务院办公厅印发《关于完善农村土地所有权承包权经营权分置办法的意见》，提出农村土地三权分置，即土地所有权、承包权和经营权三权分置，农民可以采用出租、入股等方式流转土地经营权。《中华人民共和国民法典》第三百三十九条："土地承包经营权人可以自主决定依法采取出租、入股或者其他方式向他人流转土地经营权。"新修订的《中华人民共和国农村土地承包法》第四十七条明确土地经营权可以作为融资担保的标的。土地的三权分置加强了土地的流动性，为两权抵押贷款奠定了基础。

二、案例内容

山东农村产权交易中心以农户、村集体及家庭农场、专业合作社、涉农企业等新型农业经营主体为服务对象，搭建了农村产权交易平台、农村产权抵押登记平台、农村集体资产处置平台和管理农村产权运作基金"三平台一基金"的市场服务体系，主要开展农村土地承包经营权、农村集体资源性资产、农村集体经营性资产、农村集体股权、集体林权、农业知识产权等涉农资产交易服务，农村产权抵押登记、风险补偿、风险缓释、不良处置等金融服务以及农业信息发布、农村集体资产招投标等相关配套服务，实现了农村产权交易与农村金融服务相融合的服务模式。

（一）服务范围

2020 年 10 月，山东省地方金融监管局为山东农村产权交易中心颁发了山东省唯一一张农村产权权益类交易业务许可证。该交易业务许可证明确山东农村产权交易中心可以从事农村土地承包经营权、农村集体林权、水域滩涂养殖权、农村集体股权、农村知识产权的交易及相关信息发布等配套服务。山东农村产权交易中心在交易业务许可的范围内开展咨询、挂牌、交易、签约、鉴证、抵押融资等一站式服务，并提供风险补偿、风险缓释和不良处置等业务，不仅让农民以较低的成本、便捷地获得资金，还最大限度地降低银行向农民贷款的风险，激励银行发放"三农"贷款。

（二）交易流程

山东农村产权交易中心的交易流程包括：由委托人在山东农村产权交易中心进行受理登记并提供相关材料；山东农村产权交易中心通过对资料审查、权属确认、业务复核以及资产评估进行前置审批；将相关资料公开发布到山东农村产权交易中心网站、手机 App；将保证金缴纳到交易结算专用账户后组织交易；山东农村产权交易中心提供规范的合同文本，促使交易合法、合规完成；根据合同协议缴纳价款到交易结算专用账户，同时进行交易鉴证权属变更，并把相关信息提交到主管部门，完成价款划出，交易完成（见附图 2）。

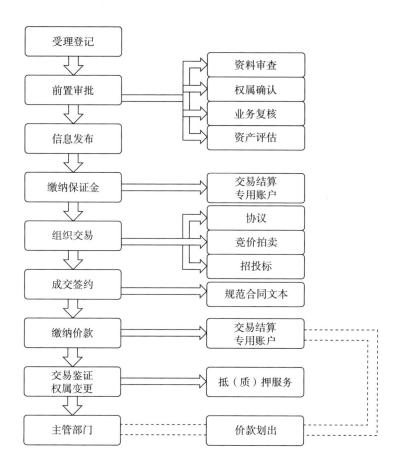

附图 2　山东农村产权交易中心交易流程

资料来源：山东农村产权交易中心网站。

（三）具体做法

一是山东农村产权交易中心已在全省搭建起了省、市、县、乡、村五级协作联动的农村产权交易服务体系，要求村级所有集体的资产资源全部通过中心平台进行交易，并建立了农村闲置资产资源库，使全省农村"三资"家底一目了然。二是各分中心与总部之间已实行统一信息发布、统一交易规则、统一交易鉴证、统一服务标准、统一监督管理、统一数据库建设的"六统一"运作模式，形成了上下贯通、统一规范的服务体系。三是与金融机构合作，创新贴息保障模式和政策担保模式、搭建不良处置平台，在全国率先推出"交易鉴证+抵押登记+政策担保+风险补偿+风险缓释+不良处置"农村产权交易与农村金融相结合的服务模式，不仅让农户和经营主体以更优惠的价格融资，同时缓解金融机构风险管理压力，提高金融资源配置效率。四是推行了"云交易"实时交易模式，采取"平台实时公开、客户一键竞拍"方式，使竞拍人通过手机App可随时随地参与竞拍。五是优化监管制度和交易流程，确保每一笔产权交易都能在平台上实现"阳光"运行。

三、案例启示

山东农村产权交易中心为农村资源资产化、资产资本化提供了现实的案例，为发挥市场机制盘活农村沉睡资产、解决农村融资问题探索出了切实可行的路径。具体启示如下：

（一）瞄准农户融资"痛点"，对症下药

1. 规范农村产权流转，为抵押融资打下坚实基础

山东农村产权交易中心将农民手中的产权分为农村土地承包经营权、集体林权、农村集体股权、水域滩涂养殖权、农业知识产权五类，以此为依据创设了"5项交易品种"，提供农产品、农业生产性工具及设施交易、农村劳动力等信息发布及相关的配套服务，并设计了严谨的交易流程。在农村土地承包经营权方面，该平台集中大量土地产权供求信息，同时采用较为简单的交易程序，农民只需参与申请和合同签订两个环节，其余工作均由产权交易中心负责，交易过程全部免费，出价高者中标，保护和提高了土地转出方的权益和收益，加速了土地规范流转。考虑到农村产权评估是土地流转中的重要一环，山东农村产权交易中心

聘请农、林、牧、渔业等相关专家组建专家库，吸纳第三方评估机构，对产权资产做出专业、客观的评估，形成了银行、产权交易中心和贷款企业或个人三方共同认可的评估价值，金融部门可以参照评估结果发放抵押贷款。同时，山东农村产权交易中心开展了交易鉴证业务，规范产权交易。农民将自己的土地供求信息发放到山东农交中心的交易平台上，交易双方一旦成交，该中心通过审核交易双相关资料的真实性和有效性，对转、受双方发放交易鉴证书，并以此明确交易双方的权利义务。同时，交易鉴证书还可以充当抵押物帮助农民在银行等金融机构融资，为规范交易的农村产权赋予了抵押融资的功能。

2. 建立了农村产权交易抵押登记平台，解决"一权多抵"问题

2014 年，潍坊市政府授权山东农村产权交易中心作为全市统一的农村产权抵押登记机构，开展了农村土地承包经营权、大棚所有权、农村集体股权、水域滩涂养殖权、农村经营性集体建设用地使用权、农村住房财产权共 6 项农村产权抵押登记业务，制定了农村产权抵押登记管理办法、业务操作细则、交易流程等规则制度，解决了农村产权抵押融资无统一抵押登记机构和融资缺乏抵押物的问题。2015 年，山东农村产权交易中心开通网上交易平台，研发了统一的抵押登记信息管理系统和数据查询系统，在经营主体办理抵押登记时，为银行机构出具其认可的农村产权抵押登记他项权证，并与其系统实现互联互通，避免了重复抵押等金融风险的发生。

3. 与政府和市场有效联动，解决"三农"融资难题

山东农村产权交易中心在提供抵押登记业务基础上，率先创新农村产权抵押融资模式，农民在土地产权流转交易的基础上可以在抵押登记平台将土地产权抵押从银行获得抵押贷款。从金融市场角度，该中心与中国农业银行、中国建设银行、潍坊银行等多家银行达成长期合作，帮助农民更加便利地获得融资，并参与银行金融产品的设计，推出"惠农产权贷"等普惠金融产品，满足农民融资的多样化需求。从政府角度，该中心积极向潍坊市财政局申请为农村产权抵押客户进行贷款贴息及各项财政补贴政策，降低农村经营主体融资的成本，调动了农民贷款的积极性，有效缓解了农村融资难、融资贵的问题。

（二）给银行吃下"定心丸"

山东农村产权交易中心积极从供需两端，共同解决农村融资难题。在金融供

给端，考虑到银行风险管理的要求，山东农村产权交易中心采用一系列措施，给银行吃下了"定心丸"。

1. 探索"交易鉴证+抵押登记+融资担保"的农业融资模式，让银行贷款得到保障

山东农村产权交易中心与山东省农业融资担保有限公司都是政府主导设立的，以新型农业经营主体为服务对象，致力于引导金融资本支持现代农业，解决农村融资难、融资贵的难题。双方合作开创了农业融资担保与农村产权鉴证相结合的新思路。其中，山东农村产权交易中心为农户提供交易鉴证书和抵押登记，山东省农业融资担保有限公司为农村产权抵押贷款的经营主体提供融资担保，并以农村产权作为反担保，由担保公司出具担保函，再由银行发放贷款，当农户贷款出现违约时，抵押物可以在山东农村产权交易中心的平台上拍卖变现，实现农村产权的有效流转，确保银行和担保公司的损失可控。

2. 开展农村产权抵押融资风险补偿资金池业务，通过补偿和补助方式降低银行贷款风险、增加贷款收益

2015年，潍坊市财政安排专项资金1000万元设立农村产权抵押融资风险补偿资金池，并通过潍坊市金融控股集团委托山东农村产权交易中心进行市场化方式运作管理。当客户出现还款困难时，该项基金将为贷款银行提供农村产权抵押不良贷款本金净损失20%的风险补偿，鼓励和引导金融机构开展农村产权抵押贷款业务。此外，该项基金可以向涉农借款人提供风险缓释服务，为资金周转出现暂时困难的农户提供周转资金，维持其正常经营状态。

3. 搭建"农村产权交易+不良资产处置"平台，构建银行风险处理双途径

当违约发生时，银行不仅可以通过农村产权交易平台处置抵质押物，也可以通过不良资产处置平台打包处理相关资产。山东农村产权交易中心与山东省金融资产管理公司合作，采用市场化打包转让不良资产的模式，将产权抵押不良贷款转让给山东省金融资产管理公司，以市场化方式处置抵押物，提升抵押物处置效率和银行回收贷款的可能性。

第四节　扶贫小额信贷风险补偿机制案例

一、案例背景

（一）项目背景

扶贫小额信贷是我国脱贫攻坚的一项重大信贷制度创新，其根本任务是充分发挥金融机构作用，激发建档立卡贫困户创业增收的内生动力，增强贫困户的风险防范意识和信用意识，增加农村金融有效供给，从而实现脱贫致富。近年来，扶贫小额信贷在全国广泛开展，成效卓著。国务院新闻办公室于 2021 年 4 月 6 日发布《人类减贫的中国实践》白皮书，统计显示，截至 2020 年底，扶贫小领信贷累计发放 7100 多亿元，累计支持贫困户 1500 多万户，扶贫再贷款累计发放 6688 亿元，金融精准扶贫贷款发放 9.2 万亿元。

本部分以重庆市武隆区为例，对扶贫小额信贷工作进行详细分析。武隆区地处渝东南乌江下游，幅员面积 2901 平方公里，辖 2 个街道、25 个乡镇，总人口 41 万。武隆区被誉为"世界喀斯特生态博物馆"，是全国少有的同时拥有"世界自然遗产"、"国家 5A 级旅游景区"、"国家级旅游度假区"三块金字招牌的地区。

2020 年，武隆区建档立卡低收入户全部脱贫。2022 年 6 月，重庆市武隆区人民政府办公室印发《武隆区巩固拓展脱贫攻坚成果同乡村振兴有效衔接"十四五"规划（2021~2025 年）》统计武隆区累计完成建档立卡低收入户 12656 户 5.5 万余人的减贫任务，2014~2020 年全区建档立卡低收入户人均可支配收入由 2215 元增加到 12600 元，年均增幅达 33.60%（不考虑价格因素），高于同期全国建档立卡低收入户人均可支配收入平均增幅 2 个百分点。武隆区被确定为全国首批脱贫攻坚经验交流基地，重庆市武隆区扶贫开发办公室被党中央、国务院评选为"全国脱贫攻坚先进集体"。武隆区结合自身资源禀赋，通过扶贫小额信贷的支持，重点扶持低收入户开展旅游业相关工作，从而实现低收入户脱贫。武隆区全域乡村旅游扶贫模式获评全国典型和世界旅游联盟减贫案例。

（二）脱贫人口小额信贷的基本情况

2014年底，国务院扶贫办、财政部、人民银行、银监会和保监会五个部门印发了《关于创新发展扶贫小额信贷的指导意见》（以下简称《指导意见》），推动了财政扶贫政策与金融良性互动，全国各地积极推动扶贫小额信贷政策落实。扶贫小额信贷是我国政府专门为建档立卡低收入户或已脱贫但在脱贫攻坚期内仍享受政策的低收入户获得发展资金而量身定制的一种创新扶贫贷款产品。按照相关政策，单一脱贫人口小额信贷的贷款期限不超过3年，额度规模为5万元及以下，无须资产抵押质押，按基准利率放款。此外，为充分激发市场活力，与市场主体共担风险，限额内贷款全部由财政贴息，并在县级建立相应风险补偿基金。在信贷资金用途上，只能用于生产经营，不能用来盖房子、娶媳妇、还债以及吃喝等与生产经营无关的支出。

二、案例内容

（一）发放扶贫小额信贷主要措施

自2015年脱贫攻坚以来，武隆区政府积极协同金融机构，推进扶贫小额信贷业务，主要措施如下：

1. 顶层设计，完善联动机制

通过"五级书记抓扶贫"、"区县抓落实"和"双组长制"组织区扶贫办、区财政局、区政府金融服务中心、人行武隆支行、区银监办、涉农银行等部门和单位建立了"政银共管、多方协力、共同参与、合力扶贫"的工作联动机制，实现金融扶贫信息共享。建立区、乡、村脱贫人口小额信贷三级联动平台，与乡镇人民政府、村支两委共建金融扶贫服务站，由驻村工作队、第一书记、村支两委和帮扶责任人作为助贷员，全程参与扶贫小额贷款工作。2020年以来，为巩固脱贫攻坚效果向乡村振兴有效衔接，成立乡村振兴战略领导小组，建立完善"市领导+区级领导+帮扶集团+驻乡驻村工作队+帮扶干部"工作机制。加强小额信贷管理，对有产业发展意愿和有资金需求的实现"应贷尽贷"。通过深化政银合作，建立"联动式"信贷体系。

2. 政策引导，精准保驾护航

根据中央《关于继续开展扶贫小额信贷工作的通知》以及重庆银保监局、重庆市财政局、人行重庆营管部、重庆市扶贫办《关于转发扶贫小额信贷有关文件的通知》要求，明确扶贫小额信贷以银行贷款同期同档次基准利率的贴息标准、贴息补助按年度结算等贴息频率以及承贷银行申报直补到户的贴息办法。

3. 优化审批流程，实现"精准式"快速放贷

建立"村支两委推荐、乡镇初审、区扶贫办审定、商业银行承办"的审核体系，优化压缩审批流程。全力畅通贷款绿色通道，银行机构自收到贫困户脱贫人口小额信贷申请之日起，一般在3天内全面完成调查、审批、发放等工作，实现快速放贷。

4. 强化流程监管，推进"动态式"风险预防

制定《武隆区金融精准扶贫贷款风险补偿金管理暂行办法》，按照1：10的比例设立金融精准扶贫贷款风险补偿金，拨付承贷银行专款专用，封闭运行，每半年动态调整一次。同时，对建档立卡贫困户按照贷款本息的70%给予银行风险补偿，降低银行贷款风险。

5. 加强农村信用体系建设，提高贫困户信用意识

按照《武隆区信用户、信用村、信用乡镇（街道）评定办法》，开展农村信用工程"三级"联创评定工作，提高贫困户信用意识。同时，依托"重庆市农村信用信息基础数据库"系统，开展信用信息的采集、录入与信用评定工作，完成了全区建档立卡低收入户信用信息电子档案建立工作，实现了农村信用体系对建档立卡低收入户全覆盖。

（二）武隆区扶贫小额信贷发放流程

扶贫小额信贷一般按照户申请、村初审、乡审核、县复查、银行审定五步法放贷。

首先，由贫困户根据自身投资方向、用钱需求、贷款意愿向所在村的村委会提交扶贫小额信贷申请资料，由村委会、村级金融服务站等村一级组织对本村扶贫小额信贷申请资料进行采集和初审，重点关注低收入户的诚信水平、经营能力、思想道德及遵纪守法情况。对申请的贷款，要结合本村产业发展规划、市场需求、贷款人家庭实际，看其发展项目是否合适，发展规模、贷款额度和期限是

否恰当，并提出初审意见，把好信贷评级和授信的第一道关口。然后，由县、乡（镇）两级政府相关部门进行复核，重点关注贷款用途是否符合实际和扶贫规划，审核通过后将相关意见提交银行（担保公司）申请。随后，由银行（担保公司）等金融机构信贷人员实地考察、入户审核。最后，信贷人员将收集完整的贷款资料递交银行，通过行内一系列审批环节后即可与贫困户签订《借款合同》并发放贷款。

（三）扶贫小额信贷风险补偿办法

2017 年，武隆区印发了《武隆区金融精准扶贫贷款风险补偿金管理暂行办法的通知》，其中明确了对扶贫小额信贷风险补偿的办法：

第四条　本风险补偿金按照"政府主导、自愿申请、风险共担、严格审批、突出重点、精准扶贫"的原则管理。

第六条　区财政局设立"金融精准扶贫贷款风险补偿金"，首期规模 1000 万元，由区财政局纳入预算统筹安排；国家开发银行定向捐赠武隆的信贷风险金纳入该补偿金统一使用。

第七条　风险补偿金按年度核算，滚存使用。风险补偿金在当年使用后，由区财政局于下一年度补足 1000 万元的额度。若风险补偿金在当年已使用完毕，银行（担保）机构的风险补偿申请计入下一年度。

第八条　风险补偿金由区金融精准扶贫贷款风险补偿金管理领导小组负责管理，区金融管理中心、区财政局、区扶贫办、人行武隆支行、区银监办共同组织实施。

第九条　辖区内银行（担保）机构针对建档立卡贫困户开展的贷款或担保贷款业务自贷款逾期 90 日起，可根据本办法向区金融管理中心提出风险补偿申请。

第十条　风险补偿标准。辖区内银行机构关于建档立卡贫困户开展的"免抵押、免担保、3 年期限、5 万元额度"贷款业务，按照贷款本息的 70% 给予银行风险补偿。

第十一条　辖区内银行（担保）机构风险补偿金申报程序。

（一）申请风险补偿金的银行（担保）机构需填报《武隆区金融精准贷款风险补偿金审批表》，并提交贷款、担保等资料复印件作为附件，区金融管理中心负责受理。

（二）区金融管理中心负责召集区扶贫办、区银监办、人行武隆支行、区财政局等单位开展调查核实；各单位在《武隆区金融精准扶贫贷款风险补偿金审批表》签署审核意见。

（三）按区政府议事规则规定额度报区政府相关领导在《武隆区金融精准扶贫贷款风险补偿金审批表》上签署审批意见。

（四）区财政局根据区政府领导审批意见，于 5 个工作日内按照核准的额度将风险补偿金拨付给受偿银行（担保）机构。

第十二条　在实施风险金代偿后，辖区内银行（担保）机构对逾期贷款有继续依法追偿、催收的义务。追索回的资金或借款人恢复还款收回的资金，按照代偿比例返还风险补偿金专户。

三、案例启示

（一）强调顶层设计、统一规划

地方政府在扶贫小额信贷的推广和应用中发挥重要的作用。扶贫小额信贷的发展必须以支持产业发展为先导，想要让低收入户愿贷款、能还款，用好贷款资金、发展好产业是关键。武隆区在地方政府牵头下，统筹规划扶贫信贷产品的发放和风险防控，并积极提升产业合作社辐射带动能力，用好用活扶贫小额信贷，激发群众参与产业发展热情。武隆区分别成立了扶贫小额信贷的领导小组和风险补偿金领导小组，并结合"2+6+N"山地特色高效农业体系，有序引导金融机构开展"一行一品"、"五个精准"，带动低收入人口将信贷与产业结合，实现脱贫致富。

（二）产品设计应兼具政策性与市场性

扶贫小额信贷实现了政府与金融市场的良性互动，在脱贫攻坚中发挥了重要的作用。随着战略目标从脱贫攻坚转向全面推进乡村振兴，扶贫小额信贷应从政策向市场化产品逐步过渡。在产品的额度、期限和利率上体现市场的实际需求。扶贫小额信贷可由全部贴息向部分贴息逐步转变，减轻地方政府资金负担，加强贫困户的风险意识，保证金融机构发放贷款的可持续性。

（三）加强风险管控

一是进一步加强政府部门、金融机构、产业协会、企业多方合作防控风险。二是合理设定风险补偿金，充分调动杠杠效应。为弱化对农民财产抵押物的要求，调动银行积极性，有效提升扶贫小额信贷可得性，全国大多数地区设立 1：10 或 1：5 的风险补偿金，武隆区设立了 1：10 的风险补偿金，但大多数地区实际发放的贷款总额没有发挥出风险补偿金的杠杆作用。建议可以根据地方政府的财力和实际需求情况，充分与当地银行协商，动态调整风险补偿金额度，充分发挥财政资金的作用和风险补偿金的杠杆效应。三是加强不同机构间的合作，开发推广"银行+保险+期货"、"银行+期货+现货"、"银行+保险"等多种产品，通过闭环金融产品，控制政策性信贷产品风险。例如，武隆区积极探索运用"保险+信贷"、"政府+银行+担保+信贷"等产品。另外，在"银行+保险+期货"模式中，申请贷款的企业购买价格保险，保险公司在期货市场对冲风险，从而控制风险。

（四）构建诚信的金融生态环境

诚信是资金信用的基础，扶贫小额信贷在解除了抵押和质押要求后，能否还本付息，保障小额扶贫机制的长期可持续运行，根本上取决于农户信用约束机制的有效性。武隆区按照"政府领导、人行牵头、多方参与、服务社会"的原则，通过乡—村—户农村信用工程"三级"联创评价体系等诚信文化建设配套措施，激发低收入户诚实守信、勤劳致富的内生动力，从而降低金融机构的坏账风险，促使银行为低收入户贷款，实现双赢。

（五）加强政策和金融培训

扶贫小额信贷是政府与市场主体共担风险，面向低收入户或边缘户的金融产品。超过 90% 的低收入户是通过村委会知晓扶贫小额信贷政策，应加强政策和金融培训，一是由各乡镇政府组织当地金融合作机构讲解扶贫小额信贷政策，让基层干部充分认识金融精准扶贫的重要性，熟悉金融扶贫政策，确保相关政策正确的传达到贫困户。二是加大对低收入户金融知识的宣传培训力度，由金融合作机构、乡镇政府、村委会通过宣传栏、宣传手册、集中宣讲等方式，加强扶贫小额信贷政策机遇以及政策内容的宣传，加大对低收入户贷款用途的引导，促进低收入户正确运用脱贫人口小额信贷政策并规范使用信贷资金发展产业项目，加强低收入户的信用意识和风险意识。

第五节　智慧金融服务平台支持县域经济发展案例

一、案例背景

（一）项目背景

传统金融行业的地域布局已基本形成，城市的金融资源远比县域的丰富。2019年10月25日中央政治局第十八次集体学习中，习近平总书记提出利用区块链技术解决企业融资难题以及金融机构风控难题。金融科技以金融为核心，以大数据、云计算、区块链、人工智能等科学技术为工具手段，通过金融场景的构建，将金融与科技有机结合，这是金融业发展的必然趋势，也为县域金融市场发展带来了新的机遇。县域金融市场是金融科技运用的重要场景。县域可依托金融科技，解决物理地域限制导致的人才和金融机构缺乏的问题，改善信息不对称导致的融资困局，降低投融资匹配的成本并提质增效。智慧金融服务平台是县域充分运用金融科技的重要载体。

2021年3月，河南省长垣市智慧金融服务有限公司成立。长垣市智金服平台致力于提高金融交易效率，降低金融服务边际成本，突破传统融资方式和融资环境，为企业提供一站式便捷金融服务，让中小微企业特别是成长型、创新性、科技成长型的企业享受政策红利，加快长垣经济社会创新发展、转型升级。

（二）智慧金融服务平台的类型与应用

智慧金融服务平台本质上是在特定场景中，应用金融科技手段将传统综合金融服务中心进行升级。按照发起主体不同，各地的金融服务平台主要可分为四类。

一是以政府部门（通常是金融办或人民银行）为主体，申请相应事业单位人员编制，协调政府、企业与金融机构关系，汇集当地金融资源，防范金融风险，提供金融信息服务，整体把握金融要素市场发展。焦作智慧金融服务中心、濮阳市智慧金融服务平台、河北唐山市金融服务中心、阜平县金融服务中心等皆采用此架构设置。现有的县域金融服务中心大多采用此类设计架构。这样的设置依托政府部门的公信力，在落实政策方针、防范金融风险、维持机构稳定等方面有优势，但市场化程度较低，金融科技发挥作用有限。

二是以银行为主发起的金融服务平台，主要展示和办理银行内纵向金融产品，人员以银行自有员工为主。此类平台依托主办银行开发的电子银行系统，对主办银行的信息进行了汇总，是银行扩大销售、创新服务的一种方式，各大银行基本都在城市里设有自己的金融超市或自助理财金融超市等，但考虑到运营成本与效益原则，鲜少在县域设立。同时，由于银行之间的排他性，不利于整个县域所有金融供给方资源的汇总。

三是以民营或混合所有制的方式发起成立金融服务公司。此类公司市场化程度高、创新多，但很多地方较为担忧民营企业做金融服务所带来的风险隐患。烟台金融服务中心、温州民间借贷登记服务中心、91金融超市等属于此类。考虑到金融风险控制、金融供给需求情况及金融服务中心运营的成本，此类型平台鲜有设立在县域的。

四是以国有企业平台为主体，成立国有智慧金融服务公司。此类公司是国有企业背景，市场认可度较高；企业性质决定了其以市场化运作为主，可在协调政府、市场、企业之间发挥润滑剂作用；同时，可以与第三方技术提供商合作，弥补技术方面的短板。在实践中，以国有企业为运营主体的智慧金融服务平台往往会出现专业人才短缺的现象，需要通过市场化方式在社会招聘专业金融人才。

综上，智慧金融服务平台的发起主体会直接影响到政府支持与金融市场联动的效果。结合县域金融市场的典型特征，以国有企业为发起主体的智慧金融服务平台，可合理运用政策与市场两只手，发挥科技的优势、汇总相对县域内外金融供给，梳理产业发展和相对低收入户的金融需求，整合局部信息、防范金融风险，从而助力实现县域金融市场的双重目标。

附表3　不同发起主体的智慧金融服务平台优劣势比较

发起主体	优势	劣势
政府部门	依托政府部门公信力，在落实政策方针、防范金融风险、维持机构稳定等方面有优势	市场化、专业化程度较低、金融科技作用有限
银行	专业化程度较高	对其他金融产品具有排他性
民营或混合所有制	市场化程度较高，创新能力强	存在脱离平台性质成为P2P机构等，带来金融风险隐患
国有企业	市场化程度较高，公信力较强	专业人才缺乏

二、案例内容

长垣市位于河南省东北部、新乡市东部，是河南省辖县级市，由新乡市代管。截至2022年末，长垣市有5个街道、11个镇、2个乡，另辖1个乡级单位，常住人口90.9万。2020年，长垣市入选2020年财政支持深化民营和小微企业金融服务综合改革试点城市、全国金融服务综合改革试点城市。

长垣市智慧金融服务平台是全资国有一级金融服务平台公司，依托数字技术的发展，整合当地金融资源，为长垣中小微企业、个体工商户以及域内所有农户提供一站式服务。根据长垣市智慧金融服务平台网站公布数据，截至2023年1月，该平台已归集涉及48家单位、491项、近2000万条数据；入驻金融机构18家（13家银行、2家保险公司、2家担保公司、1家证券公司），上线89款金融产品；认证各类市场主体8793家；发布融资需求238笔，共10.75亿元，为127家企业发放贷款157笔，放款总额8.49亿元。其中，中小微企业纯信用贷款占比36.31%，贷款平均利率4.45%，比原中国银保监会发布的2021年全国新发放普惠型小微企业贷款平均利率5.69%低了1.24个百分点。

（一）智慧金融服务平台的主要服务内容

1. 整合政府涉企各部门的数据资源，与金融机构进行信息共享，帮助金融机构识别风险

长垣市智慧金融服务平台依托大数据局，归集整理涉及市场监管、税务、公

积金等44家单位，489项、近2000万条数据。通过企业填报信息、政府大数据以及第三方共享等数据信息，对企业进行数字画像，精准刻画企业生产经营和信用状况，帮助金融机构进行风险识别，有效解决金融机构和中小微企业之间信息不对称问题。

2. 通过信用评级，提高金融资源配置效率，优化金融生态环境

在精准而全面的企业数据基础上对企业进行信用评级，将企业划分为A、B、C、D四个信用级别供银行参考，有效提升银行获客质量及贷款投放效率，降低信贷风险和交易成本。

3. 完善配套措施，为企业提供一站式、全链条服务

一是开展银企对接会，让银企批量洽谈会与单个企业自主接洽等方式结合。自成立以来，组织了"政金企融资对接会蒲西专场"、"万人助万企政金企融资对接会"等一系列对接会，并取得良好成效。二是将企业信息与金融信贷政策信息纳入智慧金融服务平台。通过将金融供给的信息与金融需求的信息，按照统一标准的格式分别整理发布，实现投融资信息的汇总。三是利用人工智能技术进行助贷服务。为金融机构提供当地经济发展资料、金融生态环境资料、企业及个人信用资料（经授权）等，同时通过人工智能技术，生成企业分析报告，协助金融机构开展贷前调研、评审审议等工作，为金融机构贷款投放提供参考依据。四是依托信息检测技术，根据企业经营情况，分类施策，协助金融机构进行贷后管理。五是大力助推"金融+创业"，举办长垣市第一届创业创新大赛，助力企业更优发展。

（二）长垣市智慧金融服务平台的运行机理

长垣市智慧金融服务平台汇集了域内金融需求和供给相关的全部信息，是全部要素的合集，是复杂的有机系统。数据汇总和技术分析是智慧金融服务平台运行的基础。图11-4阐述了长垣市智慧金融服务平台的运行机理。智慧金融服务平台对接了金融供给与需求两端。一方面，按照图11-4中向左的路线，提高融资需求方的融资成功率和融资效率；另一方面，按照向右的路线，提高金融机构的金融供给效率、降低成本（见附图3）。

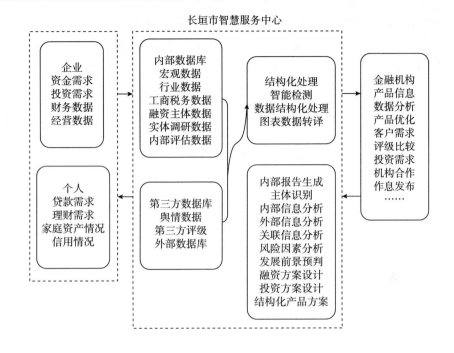

附图 3 长垣市智慧金融服务平台运行理论机理

三、案例启示

长垣市智慧金融服务平台依托信息技术，以"数据+信息+信贷+风控"模式，构建"政府+金融机构+企业+中介服务商"四方紧密对接的线上线下一站式智慧金融服务平台。自运行以来，取得了良好的成效，不仅有效推动长垣市金融市场发展，也为县域政府提高金融服务质量提供启示。县域政府可以通过智慧金融服务平台将金融科技应用到金融市场的建设中，从而以市场化手段消除地区金融市场的不均衡现象、金融供给与需求的不均衡现象。

一是智慧金融服务平台的服务要符合市场规律，确保外生的市场要素与内生的信息资源有机结合。二是智慧金融服务平台应强调区域金融综合属性，健全金融服务体系，应整合县域里的所有金融机构与金融服务。三是县域智慧金融服务平台一定要以产业为依托，搭建金融服务与产业发展的桥梁，保障融资方利用金融贷款进行生产性建设，提升金融资金的"造血"功能。四是县域智慧金融服务平台应强调线上与线下相结合，线下侧重数据搜集及金融意识培养，线上侧重域外金融机构联系与融资效率提升。五是县域智慧金融服务平台建设应循序渐进，不宜一步成型，在成本控制的同时，随经济和金融市场发展动态调整建设策略。六是县域智慧金融平台应重视区域金融生态环境的建设，依托信用体系，搭建风险预警体系，防范区域金融风险。七是县域智慧金融平台应注重人才的引进和培养，依托平台形成金融资源和金融人才的高地。

参考文献

［1］ Allen F P F, Mehran H. The Value of Bank Capital and the Structure of the Banking Industry ［J］. Review of Financial Studies, 2011, 24 （04）: 971-982.

［2］ Anselin L. Spatial Econometrics: Methods and Models ［M］. Kluwer Academic, Dordrecht, 1988.

［3］ Arcand J L, Berkes E, Pauizza U. Too Much Finance? ［R］. IMF Working Papers, 2012, 20 （2）: 105-148.

［4］ Bourguignon F, Ferreira F H G, Menéndez M. Inequality of Opportunity in Brazil ［J］. Income and Wealth, 2007 （10）: 585-618.

［5］ Chong T T, Lu L, Ongena S. Does Banking Competition Alleviate or Worsen Credit Constraints Faced by Small-and Medium-sized Enterprises? Evidence from China ［J］. Journal of Banking & Finance, 2013, 37 （09）: 3412-3424.

［6］ Daniel T S. Gaining Ground: Poverty in the Postwar United States ［J］. Journal of Political Economy, 1993, 101 （01）: 1-38.

［7］ Dapp T, Slomka L, AG D B, et al. Fintech Reloaded-Traditional Banks as Digital Ecosystems ［J］. Publication of the German original, 2015 （04）: 261-274.

［8］ Dawood T C, Paufiq H, Mashar R. Does Financial Inclusion Alleviate Household Poverty? Empirical Evidence from Indonesia ［J］. Economic & Sociology, 2019 （02）: 235-252.

［9］ Ekanayake E M, Ranjini T. The Nexus between Financial Development and Economic Growth: Panel Data Evidence from Developing Countries ［J］. Journal of

Risk and Financial Management, 2021, 14 (10): 13-36.

[10] Fu T. The Dilemma of Government Intervention in a Firm's Financing: Evidence from China [J]. International Review of Financial Analysis, 2020, 71 (prepublish).

[11] Greenwood J, Jovanaic B. Financial Development, Growth and the Distribution of Income [J]. Journal of Political Economy, 1990 (05): 1076-1107.

[12] Guariglia A, Poncet S. Are Financial Distortions an Impediment to Economic growth? Evidence from China [R]. CEPII Working Paper, 2006 (08): 21-37.

[13] Hansen B E. Threshold Effects in Non-dynamic Panels: Estimation, Testing and Inference [J]. Journal of Econometrics, 1999, 93 (02): 345-368.

[14] Hauswald R, Marquez R. Information Technology and Financial Services Competition [J]. The Review of Financial Studies, 2003, 16 (03): 921-948.

[15] Jia J, Ma G, Qin C, Wang L. Place-Based Policies, State-Led Industrialisation, and Regional Development: Evidence from China's Great Western Development Programme [J]. European Economic Review, 2020 (123): 103-398.

[16] LeSage J, Pace R K. Introduction to Spatial Econometrics [M]. CRC Press, 2009.

[17] Li P, Tian Y, Wu J, Xu W. The Great Western Development Policy: How It Affected Grain Crop Production, Land Use and Rural Poverty in Western China [J]. China Agricultural Economic Review, 2021, 13 (02): 319-348.

[18] Majid M S A, Dewi S, et al. Does Financial Development Reduce Poverty? Empirical Evidence from Indonesia [J]. Journal of the Knowledge Economy, 2019 (03): 1019-1036.

[19] Michael L. Why Poor People Stay Poor: Urban Bias in World Development [M]. Cambridge, MA: Harvard University Press, 1977.

[20] Odedokum M O. Alternative Econometric Approaches for Analysing the Role of the Financial Sector in Economic Growth: Time-series Evidence from LDCs [J]. Journal of Development Economics, 1996, 50 (01): 119-146.

[21] Rashid A, Intartaglia M. Financial development - does it lessen poverty?

［J］. Journal of Economic Studies, 2017, 44 (01)：69-86.

［22］Rioja F, Valev N. Does One Size Fit All? A Reexamination of the Finance and Growth Relationship ［J］. Journal of Development Economics, 2004, 74 (02)：429-447.

［23］Sun H, Li X H, Li W J. The Nexus between Credit and Farm Household Vulnerability to Poverty：Evidence from Rural China ［J］. Sustainability, 2020 (07)：1-18.

［24］Townsend R M, Ueda K. Financial Deepening, Inequality, and Growth：A Model Based Quantitative Evaluation ［R］. IMF Working Paper, 2003.

［25］Tobler W R. A Computer Movie Simulating Urban Growth in the Detroit Region ［J］. Economic Geography, 1970, 46 (01)：234-240.

［26］Wang H J, Wen T, Han J L. Can Government Financial Effectively Reduce Poverty in Poverty-Stricken Areas? Evidence from China ［J］. Emerging Markets Finance and Trade, 2020 (11)：2461-2473.

［27］Yao S, Zhang Z, Hanmer L. Growing Inequality and Poverty in China ［J］. China Economic Review, 2004, 15 (02)：145-163.

［28］安国俊, 刘昆. 绿色金融在乡村振兴中的作用 ［J］. 中国金融, 2018, 880 (10)：63-65.

［29］边文龙, 沈艳, 沈明高. 银行业竞争度、政策激励与中小企业贷款——来自14省90县金融机构的证据 ［J］. 金融研究, 2017 (01)：114-129.

［30］曹协和. 农业经济增长与农村金融发展关系分析 ［J］. 农业经济问题, 2008 (11)：49-54.

［31］陈宝胜, 石淑花. 中国扶贫政策模式变迁及其演化逻辑 ［J］. 福建行政学院学报, 2017, 165 (05)：30-39.

［32］陈超. 渐进式改革中的金融约束分析 ［J］. 经济科学, 2002 (02)：5-14.

［33］陈刚, 尹希果. 中国金融资源城乡配置差异的新政治经济学 ［J］. 当代经济科学, 2008 (03)：57-65+126.

［34］陈国福, 唐炎钊. 经济高质量发展的内外双循环驱动因素和政府竞争

的影响机制 [J]. 经济问题探索, 2022 (01): 1-14.

[35] 陈文俊. 农村金融发展与农村经济增长相关性实证研究 [J]. 系统工程, 2011, 29 (03): 40-46.

[36] 陈志刚, 章颖. 农村金融发展促进了我国农业规模化经营吗——基于全国两大家庭农场示范区调查数据的实证分析 [J]. 农业经济问题, 2022 (05): 83-97.

[37] 陈子雷. 发展援助、政企合作与全球价值链——日本对外经济合作的经验与启示 [J]. 国际经济合作, 2017, 384 (12): 48-52.

[38] 成思危. 破解农村金融难题 [J]. 中国经济周刊, 2005 (07): 11.

[39] 程惠霞. 农村金融"市场失灵"治理前提再判断: 供给不足还是金融排斥 [J]. 经济理论与经济管理, 2014, 287 (11): 101-112.

[40] 程军国, 何广文, 何婧. 县长数字金融知识对县域数字普惠金融的影响研究 [J]. 南京农业大学学报 (社会科学版), 2023, 23 (01): 157-168.

[41] 程名望, 李礼连, 曾永明. 空间异质性视角下革命老区空间贫困特征及致贫因素分析 [J]. 农业技术经济, 2022 (04): 4-17.

[42] 崔艳娟, 孙刚. 金融发展是贫困减缓的原因吗? ——来自中国的证据 [J]. 金融研究, 2007 (11): 116-127.

[43] 丁武民. 乡村发展过程中的金融支持研究 [D]. 中国海洋大学, 2010.

[44] 丁志国, 徐德财, 赵晶. 农村金融有效促进了我国农村经济发展吗 [J]. 农业经济问题, 2012, 33 (09): 50-57+111.

[45] 丁志国, 张洋, 覃朝晖. 中国农村金融发展的路径选择与政策效果 [J]. 农业经济问题, 2016, 37 (01): 68-75+111.

[46] 董杰. 金融发展与农村经济增长研究 [D]. 西南财经大学, 2004.

[47] 董晓林, 徐虹. 我国农村金融排斥影响因素的实证分析——基于县域金融机构网点分布的视角 [J]. 金融研究, 2012 (09): 115-126.

[48] 董艳, 谭苏航, 董梦瑶等. 数字信贷对传统商业银行的影响 [J]. 数量经济技术经济研究, 2023, 40 (02): 69-89.

[49] 杜军. 关于县域金融制度创新的思考 [J]. 中国集体经济, 2011

（28）：110.

［50］杜文秀．中小企业资本结构对经营绩效影响的实证研究［D］．上海财经大学，2019.

［51］樊羚，韩廷春．金融发展服务实体经济过程中的政府作用：增进还是抑制？［J］．经济与管理研究，2020，41（08）：104-114.

［52］樊轶侠，徐昊，马丽君．数字经济影响城乡居民收入差距的特征与机制［J］．中国软科学，2022（06）：181-192.

［53］范方志．乡村振兴战略背景下农村金融差异化监管体系构建研究［J］．中央财经大学学报，2018（11）：50-57.

［54］范学俊．政府在金融市场中的作用——基于福利经济学的理论分析框架［J］．华东师范大学学报，2008（04）：84-91.

［55］方金兵，张兵，曹阳．中国农村金融发展与农民收入增长关系研究［J］．江西农业学报，2009，21（01）：143-147.

［56］冯林，李维邦．政府干预、空间溢出与县域金融发展［J］．财经科学，2016，345（12）：11-22.

［57］冯林，刘华军，王家传．政府干预、政府竞争与县域金融发展——基于山东省90个县的经验证据［J］．中国农村经济，2016（01）：30-39.

［58］冯兴元，何梦笔，何广文．试论中国农村金融的多元化——一种局部知识范式视角［J］．中国农村观察，2004（05）：17-29.

［59］冯兴元，孙同全．金融支持乡村振兴战略与多层次农村金融体系探讨［J］．农村金融研究，2018（12）：19-23.

［60］冯兴元，燕翔，孙同全．中国县域数字普惠金融的发展与动能：指数构成、测度结果与对策思考［J］．农村金融研究，2022（06）：3-15.

［61］高帆．我国农村中的需求型金融抑制及其解除［J］．中国农村经济，2002（12）：68-72.

［62］高丽媛，张屹山．实现共同富裕的分配制度选择——基于权力结构的理论剖析［J］．社会科学研究，2018，234（01）：15-26.

［63］龚斌磊，张启正，袁菱苒，刘晓光．革命老区振兴发展的政策创新与效果评估［J］．管理世界，2022，38（08）：26-43.

［64］郭震．农村金融市场结构、金融效率与农村消费结构的关系研究［J］.商业经济研究，2019（22）：174-177.

［65］郭峰．地方政府财政自主度与地区金融扩张——来自农村税费改革的证据［J］.金融评论，2015，7（02）：1-13+123.

［66］郭峰，王靖一，王芳，孔涛，张勋，程志云．测度中国数字普惠金融发展：指数编制与空间特征［J］.经济学（季刊），2020，19（04）：1401-1418.

［67］郭娜，曹琳琳，马亚楠．数字金融对县域银行竞争的影响——基于空间溢出效应视角［J］.武汉金融，2023（09）：38-44+88.

［68］郭娜，全瑶．相对贫困县地方政府干预金融市场建设的实践探索与思考——以内蒙古自治区为例［J］.内蒙古社会科学，2022，43（04）：207-212.

［69］郭娜，吴华．金融扶贫的政府支持［J］.中国金融，2018（06）：94-95.

［70］郭娜，杨德勇．贫困县域金融服务乡村振兴实践［J］.中国金融，2019（07）：2.

［71］郭娜，张正平．欠发达地区金融供给结构改进的一种新路径——以智慧金融服务平台建设为例［J］.农村金融研究，2022（08）：20-30.

［72］郭沛．中国农村非正规金融规模估算［J］.中国农村观察，2004（02）：21-25.

［73］郭品，沈悦．互联网金融加重了商业银行的风险承担吗？——来自中国银行业的经验证据［J］.南开经济研究，2015（04）：80-97.

［74］郭新明．县域经济发展的金融制度安排研究［D］.西北农林科技大学，2008.

［75］郭永强，张学文，赵崇生．农村金融组织体系创新的路径选择［J］.中国农业银行武汉培训学院学报，2006（01）：23-26.

［76］郭正林．论政府与市场结合的基本模式［J］.中山大学学报（社会科学版），1995（02）：8-13.

［77］郝凯，赵康杰，景普秋．共同富裕理念下人力资本与城乡协调发展研究［J］.会计之友，2022，695（23）：76-83.

［78］郝丽萍，谭庆美．不对称信息下中小企业融资模型研究［J］.数量经

济技术经济研究，2002（05）：57-60.

［79］何广文．中国农村金融供求特征及均衡供求的路径选择［J］.中国农村经济，2001（10）：40-45.

［80］何广文，冯兴元．农村金融体制缺陷及其路径选择［J］.中国农村信用合作，2004（08）：24-26.

［81］何广文，刘甜．基于乡村振兴视角的农村金融困境与创新选择［J］.学术界，2018，245（10）：46-55.

［82］何志雄，曲如晓．农业政策性金融供给与农村金融抑制——来自147个县的经验证据［J］.金融研究，2015，416（02）：148-159.

［83］和云．城乡居民收入差距缩小的现实困境与制度创新思考［J］.区域经济评论，2014，7（01）：78-84.

［84］侯冠平，王资博．经济增长、教育发展、城镇化与城乡收入差距关系研究［J］.商业时代，2013，602（19）：8-9.

［85］侯新烁，杨汝岱．政府城市发展意志与中国区域城市化空间推进——基于《政府工作报告》视角的研究［J］.经济评论，2016（06）：9-22+54.

［86］胡金焱，孙健．金融支持、新型农村金融机构创新与"三农"发展［M］.山东大学出版社，2012.

［87］化祥雨，杨志民，叶娅芬．金融空间联系与经济增长关系——基于江苏省县域的实证研究［J］.经济地理，2016，36（03）：32-40.

［88］黄惠春，褚保金，张龙耀．农村金融市场结构和农村信用社绩效关系研究——基于江苏省农村区域经济差异的视角［J］.农业经济问题，2010，31（02）：81-87.

［89］黄佳志．我国西部农村地区金融资源配置效率研究［D］.重庆师范大学，2018.

［90］黄若云．农业产业兴旺的金融支持［J］.中国金融，2022，982（16）：101.

［91］黄腾蛟，黄利刚．公共选择理论视角下公共服务均等化的发展逻辑探析［J］.生产力研究，2021，342（01）：36-40.

［92］黄燕君．农村金融制度变迁与创新研究［J］.浙江社会科学，2000

（06）：40-43.

[93] 黄益平，黄卓. 中国的数字金融发展：现在与未来 [J]. 经济学（季刊），2018，17（04）：1489-1502.

[94] 惠钰婷. 山东省农村金融市场效率空间差异测度及其影响因素实证分析 [D]. 山东农业大学，2020.

[95] 贾佳美. 成长型中小企业技术创新对经营绩效的影响研究——以我国创业板企业为例 [J]. 商场现代化，2017，851（14）：129-130.

[96] 江鑫，黄乾. 城乡公路体系网络化与共同富裕：基于超边际分工理论分析 [J]. 南开经济研究，2019，210（06）：64-85.

[97] 姜付秀，蔡文婧，蔡欣妮等. 银行竞争的微观效应：来自融资约束的经验证据 [J]. 经济研究，2019，54（06）：72-88.

[98] 姜长云. 农业结构调整的金融支持研究——以制度分析为重点的考察 [J]. 经济研究参考，2004（03）：2-22.

[99] 金洪飞，李弘基，刘音露. 金融科技、银行风险与市场挤出效应 [J]. 财经研究，2020，46（05）：52-65.

[100] 景守武，陈红蕾. FDI、产业结构升级对我国城乡居民收入差距的影响：基于省际面板数据分析 [J]. 世界经济研究，2017（10）：55 - 64，122，136.

[101] 凯恩斯. 就业、利息和货币通论 [M]. 西安：陕西人民出版社，2004：5.

[102] 黎翠梅. 农村金融发展对农村经济增长影响的区域差异分析——基于东、中、西部地区面板数据的实证研究 [J]. 湘潭大学学报（哲学社会科学版），2009，33（03）：75-80.

[103] 黎怀敬，唐逸，覃慧等. 深度贫困县普惠金融发展的现状及对策研究——以广西昭平县为例 [J]. 区域金融研究，2020，573（04）：67-72.

[104] 李江华，施文泼. 政府对农业信贷资金配置的干预及效应分析 [J]. 经济研究参考，2013（67）：34-41.

[105] 李万超. 基于主成分分析法的我国农村金融资源配置效率研究 [J]. 金融理论与实践，2014（03）：55-58.

［106］李标，王黎，孙煜程．农村信贷供给影响城乡收入差距的机制与效应研究［J］．农业技术经济，2020（07）：61-78.

［107］李存，祝国平．中国农村金融抑制及其深化路径的文献综述［J］．金融与经济，2019，504（08）：10-14.

［108］李富有，李新军．金融约束、政府干预与农村信用联社不良资产的形成机理研究——基于陕西省农村信用联社的实证分析［J］．统计与信息论坛，2014，29（01）：81-86.

［109］李纪建．金融发展的分化特征与中国金融体制改革［J］．经济科学，2000（05）：51-57.

［110］李建军，姜世超．银行金融科技与普惠金融的商业可持续性——财务增进效应的微观证据［J］．经济学（季刊），2021，21（03）：889-908.

［111］李剑阁，韩俊．我国农业农村经济形势分析［N］．经济日报，2005-02-28（010）.

［112］李明贤．重构我国农村金融体系的思考［J］．财经理论与实践，2001（05）：41-43.

［113］李明贤，唐文婷．农村金融成长路径、农户金融参与和融资约束缓解［J］．管理世界，2017（4）：178-179.

［114］李胜旗，邓细林．政府干预、金融集聚与地区技术进步［J］．贵州财经大学学报，2016（06）：17-25.

［115］李实．共同富裕的目标和实现路径选择［J］．经济研究，2021，56（11）：4-13.

［116］李实，朱梦冰．推进收入分配制度改革促进共同富裕实现［J］．管理世界，2022，38（1）：52-61，76，62.

［117］李伟军．地区行政层级、信息基础与金融集聚的路径选择——基于长三角城市群面板数据的实证分析［J］．财经研究，2011，37（11）：80-90.

［118］李晓西，夏光．中国绿色金融报告［M］．北京：中国金融出版社，2014.

［119］李祎雯，张兵．非正规金融与农村家庭创业成效：影响效应及作用机理［J］．农业技术经济，2018（12）：4-17.

［120］李跃然，陈忠阳．发展中的金融科技：影响与对策［J］．科技管理研究，2021（24）：18-26.

［121］李志生，金凌．银行竞争提高了企业投资水平和资源配置效率吗？——基于分支机构空间分布的研究［J］．金融研究，2021（01）：111-130.

［122］梁丰，程均丽．地方政府行为、金融发展与产业结构升级——基于省际动态面板数据的实证分析［J］．华东经济管理，2018，32（11）：68-75.

［123］梁其洲．金融中心服务乡村振兴的思考［J］．中国金融，2022（8）：18-20.

［124］林毅夫．在农村经济结构调整中创造巨大需求［J］．人民论坛，2000（01）：15-16.

［125］刘会荪，李汉铃，冯兴元．我国农村中小企业融资问题与对策［J］．中国软科学，2005（1）：51-58.

［126］刘旦．我国农村金融发展效率与农民收入增长［J］．山西财经大学学报，2007（01）：44-49.

［127］刘衡桂，侯初连，韦晓霞，吴惠平，李晓燕，凌淑倩，黄艳红．广西革命老区金融发展、产业升级与经济增长关系研究［J］．区域金融研究，2017（5）：73-78.

［128］刘红．金融集聚对区域经济的增长效应和辐射效应研究［J］．上海金融，2008（06）：14-19.

［129］刘建丽．有效市场与有为政府——兼论中国特色社会主义市场经济［J］．中国劳动关系学院学报，2021（1）：1-10.

［130］刘炬．浅议传统计划经济体制之弊端［J］．经济纵横，1993（02）：37.

［131］刘玲玲．大数据背景下吉林省农村信贷风险机制及改善对策研究［J］．山西农经，2023（02）：172-174

［132］刘培林，钱滔，黄先海等．共同富裕的内涵、实现路径与测度方法［J］．管理世界，2021，37（08）：117-129.

［133］刘文革，周文召，仲深等．金融发展中的政府干预、资本化进程与经济增长质量［J］．经济学家，2014（03）：64-73.

［134］刘亦文，胡宗义．农村金融发展对城乡收入差距影响的实证研究［J］．山西财经大学学报，2010，32（02）：45-52.

［135］刘志国，刘慧哲．收入流动与扩大中等收入群体的路径：基于 CFPS 数据的分析［J］．经济学家，2021（11）：100-109.

［136］刘祖云．政府与市场的关系：双重博弈与伙伴相依［J］．江海学刊，2006（02）：106-111+239.

［137］刘祚祥，黄权国．信息生产能力、农业保险与农村金融市场的信贷配给——基于修正的 S-W 模型的实证分析［J］．中国农村经济，2012（05）：53-64.

［138］柳毅，赵轩，毛峰．数字经济驱动共同富裕的发展动力与空间溢出效应研究——基于长三角面板数据和空间杜宾模型［J］．中国软科学，2023（04）：98-108.

［139］陆铭，陈钊．城市化、城市倾向的经济政策与城乡收入差距［J］．经济研究，2004（06）：50-58.

［140］罗能生，李佳佳，张希．税收安排对中国城乡收入差距的影响——基于 2003～2012 年空间面板模型的实证分析［J］．财经理论与实践，2015，36（05）：83-89.

［141］吕一博，苏敬勤，傅宇．中国中小企业成长的影响因素研究——基于中国东北地区中小企业的实证研究［J］．中国工业经济，2008，238（01）：14-23.

［142］马晓河，蓝海涛．当前我国农村金融面临的困境与改革思路［J］．中国金融，2003（11）：12-14.

［143］马勇，陈雨露．金融发展中的政府与市场关系："国家禀赋"与有效边界［J］．财贸经济，2014（03）：49-58.

［144］毛伟，李超，居占杰．经济增长、收入不平等和政府干预减贫的空间效应与门槛特征［J］．农业技术经济，2013（10）：16-27.

［145］孟娜娜，粟勤．挤出效应还是鲶鱼效应：金融科技对传统普惠金融影响研究［J］．现代财经（天津财经大学学报），2020，40（01）：56-70.

［146］孟守卫．农村金融市场结构、技术创新与农业增长关系的实证分析

[J]. 统计与决策, 2019, 35 (08): 168-172.

[147] 庞明川. 转轨经济中政府与市场关系中国范式的形成与演进——基于体制基础、制度变迁与文化传统的一种阐释 [J]. 财经问题研究, 2013, 361 (12): 3-10.

[148] 皮天雷, 郝郎. 金融发展的"中国模式"探析——基于"中国之谜"与制度变迁的视角 [J]. 财经科学, 2011 (09): 16-24.

[149] 钱颖一. 激励理论的新发展与中国的金融改革 [J]. 经济社会体制比较, 1996 (06): 33-37.

[150] 乔海曙, 陈力. 金融发展与城乡收入差距"倒 U 型"关系再检验——基于中国县域截面数据的实证分析 [J]. 中国农村经济, 2009 (07): 68-76+85.

[151] 乔正阳. 融资约束对中小企业经营绩效的影响 [J]. 合作经济与科技, 2020, 629 (06): 125-127.

[152] 秦宛顺, 钟行宁. 我国县域经济增长与金融发展关系的实证分析 [J]. 综合竞争力, 2010, 5 (04): 64-70.

[153] 任英华, 徐玲, 游万海. 金融集聚影响因素空间计量模型及其应用 [J]. 数量经济技术经济研究, 2010 (05): 12.

[154] 尚延波. 中国改革开放进程中政府与市场关系研究 [D]. 中共中央党校, 2021.

[155] 沈坤荣, 施宇. 中国的"有效市场+有为政府"与经济增长质量 [J]. 宏观质量研究, 2021, 9 (05): 1-15.

[156] 沈坤荣, 徐礼伯. 全国统一大市场建设中的有为政府及其与市场关系优化 [J]. 经济问题, 2023 (01): 1-9

[157] 沈文玮. 数字技术促进共同富裕的内在机理与实践路径研究 [J]. 政治经济学评论, 2022, 13 (06): 175-191.

[158] 师博, 沈坤荣. 政府干预、经济集聚与能源效率 [J]. 管理世界, 2013 (10): 6-18+187.

[159] 史清华, 陈凯. 欠发达地区农民借贷行为的实证分析——山西 745 户农民家庭的借贷行为的调查 [J]. 农业经济问题, 2002 (10): 29-35.

［160］粟勤，孟娜娜．地方政府干预如何影响区域金融包容？——基于省际面板数据的空间计量分析［J］．国际金融研究，2019（08）：14-24.

［161］孙国茂，范跃进．金融中心的本质、功能与路径选择［J］．管理世界，2013（11）：1-13.

［162］孙启昂．绿色金融夯实中国乡村绿色发展之基［J］．财经界，2018，496（33）：7.

［163］孙正．地方政府财政支出结构与规模对收入分配及经济增长的影响［J］．财经科学，2014，316（07）：122-130.

［164］覃成林，杨霞．先富地区带动了其他地区共同富裕吗——基于空间外溢效应的分析［J］．中国工业经济，2017（10）：44-61.

［165］谭燕芝．农村金融发展与农民收入增长之关系的实证分析：1978～2007［J］．上海经济研究，2009（04）：50-57.

［166］谭正航．我国农村金融扶贫法律制度的变迁、检视与创新［J］．理论导刊，2016，379（06）：20-24.

［167］唐礼智，刘喜好，贾璇．我国金融发展与城乡收入差距关系的实证研究［J］．农业经济问题，2008（11）：44-48.

［168］田雅群，何广文．互联网金融、市场竞争对农村商业银行风险的影响研究［J］．农业技术经济，2022（03）：73-83.

［169］万广华，江葳蕤，赵梦雪．城镇化的共同富裕效应［J］．中国农村经济，2022（4）：2-22.

［170］汪三贵．中国小额信贷可持续发展的障碍和前景［J］．农业经济问题，2000（12）：18-20.

［171］汪雯羽，贝多广．数字普惠金融、政府干预与县域经济增长——基于门限面板回归的实证分析［J］．经济理论与经济管理，2022，42（02）：41-53.

［172］王国刚．金融脱实向虚的内在机理和供给侧结构性改革的深化［J］．中国工业经济，2018（7）：7-25.

［173］王曙光．农村金融学［M］．北京：北京大学出版社，2015：73-125.

［174］王赫奕，王义保．供给侧改革的动因与规制研究：基于政府与市场的博弈关系［J］．中国软科学，2018，327（03）：76-85.

[175] 王佳钰. 关于金融助力乡村振兴战略的思考与建议 [J]. 黑龙江金融, 2022, 525 (11): 49-52.

[176] 王俊, 洪正. 央地分层金融管理体制构建研究——基于金融分权视角 [J]. 贵州社会科学, 2016 (05): 133-138.

[177] 王克强, 蒋涛, 刘红梅, 刘光成. 中国农村金融机构效率研究——基于上市农商行与村镇银行对比视角 [J]. 农业技术经济, 2018 (09): 20-29.

[178] 王仁祥, 沈兰玲, 谢文君. 金融资本集聚、政府干预与"科技—金融"耦合脆弱性 [J]. 金融理论与实践, 2020 (07): 1-9.

[179] 王文莉, 王秀萍, 张晶. 政府干预对农村商业银行资金使用效率的影响及作用机制研究——有中介的调节效应模型 [J]. 宏观经济研究, 2020 (06): 26-41+60.

[180] 王小华, 温涛, 王定祥. 县域农村金融抑制与农民收入内部不平等 [J]. 经济科学, 2014 (02): 44-54.

[181] 王小鲁, 樊纲. 中国收入差距的走势和影响因素分析 [J]. 经济研究, 2005 (10): 24-36.

[182] 王修华, 邱兆祥. 农村金融发展对城乡收入差距的影响机理与实证研究 [J]. 经济学动态, 2011 (02): 71-75.

[183] 王修华, 赵亚雄. 数字金融发展是否存在马太效应？——贫困户与非贫困户的经验比较 [J]. 金融研究, 2020 (7): 114-133.

[184] 王雪, 何广文. 县域银行业竞争与普惠金融服务深化——贫困县与非贫困县的分层解析 [J]. 中国农村经济, 2019 (04): 55-72.

[185] 王彦坤. 市场经济：走向现代化的必由之路——河北经济体制变迁50年回首与展望 [J]. 理论学习与研究, 1999, (05): 53-56.

[186] 王喆, 陈胤默, 张明. 传统金融供给与数字金融发展：补充还是替代？——基于地区制度差异视角 [J]. 经济管理, 2021, 43 (05): 5-23.

[187] 王子啸, 马嘉钰. 金融服务促进县域经济发展研究——以安徽省蚌埠市为例 [J]. 农家参谋, 2019, 621 (11): 61-63.

[188] 卫兴华. "国家调节市场，市场引导企业"辨析 [J]. 首都经济, 1998, (04): 3-6.

［189］温涛，白继山，王小华．基于 Lotka-Volterra 模型的中国农村金融市场竞争关系分析［J］．中国农村经济，2015（10）：42-54.

［190］温涛，王煜宇．政府主导的农业信贷、财政支农模式的经济效应——基于中国 1952~2002 年的经验验证［J］．中国农村经济，2005（10）：20-29.

［191］温显红．金融支持乡村振兴的长效机制建设初探［J］．时代金融，2018，711（29）：77+91.

［192］吴雨，宋全云，尹志超．农户正规信贷获得和信贷渠道偏好分析——基于金融知识水平和受教育水平视角的解释［J］．中国农村经济，2016（5）：43-55.

［193］吴玉鸣．县域经济增长集聚与差异：空间计量经济实证分析［J］．世界经济文汇，2007，177（02）：37-57.

［194］吴肇光，刘祖军，陈泽镕．强化乡村振兴制度性供给研究［J］．福建论坛（人文社会科学版），2018（04）：195-200.

［195］夏杰长，刘诚．数字经济赋能共同富裕：作用路径与政策设计［J］．经济与管理研究，2021，42（09）：3-13.

［196］夏永祥．强市场与弱政府："苏南模式"的制度创新［J］．苏南科技开发，2004（08）：16-17.

［197］冼海钧，谭建忠，覃安柳等．金融支持广西革命老区发展长效机制研究［J］．区域金融研究，2017，538（08）：22-25.

［198］向国成，谌亭颖，钟世虎等．分工、均势经济与共同富裕［J］．世界经济文汇，2017，240（05）：40-54.

［199］肖攀，苏静，李强谊．政府干预、空间溢出与连片特困地区金融发展——基于武陵山区 66 个县的经验证据［J］．郑州大学学报（哲学社会科学版），2018，51（04）：23-31.

［200］谢婷婷，郭艳芳．地方政府支持、农村信贷资金配置与反贫困［J］．贵州财经大学学报，2016（02）：71-79.

［201］谢家智，冉光和．中国农村金融制度变迁的路径依赖［J］．农业经济问题，2000（05）：25-28.

［202］谢金楼．农村金融发展对城乡收入差距的影响：机制模拟与实证检验

[J]．经济问题，2016（02）：103-110.

　　[203] 谢平．中国金融体制和货币政策改革［J］．中国经济快讯，2001（30）：17-19.

　　[204] 熊景明，温铁军．错位：农民需求与制度供给之间的矛盾——"农民需求"座谈会纪要［J］．开放时代，2002（02）：33-59.

　　[205] 徐礼伯，张雪平．美国"再工业化"与中国产业结构转型升级［M］．北京：经济管理出版社，2019：189.

　　[206] 徐滇庆．制度创新与农村金融改革［J］．武汉金融，2004（09）：4-7.

　　[207] 许崇正，高希武．农村金融对增加农民收入支持状况的实证分析［J］．金融研究，2005（09）：173-185.

　　[208] 许桂红．县域金融发展与县域经济增长关系的实证分析［J］．商场现代化，2007，524（35）：203-205.

　　[209] 薛菁，陈川林．中小企业融资服务市场中政府干预有效性探析［J］．广西财经学院学报，2018（31）：71-79.

　　[210] 薛薇，谢家智．农村金融中介发展与城乡居民收入差距的关系——基于中国1978—2008年的经验验证［J］．金融理论与实践，2010（09）：28-32.

　　[211] 闫娟．改革开放以来我国政府与市场关系的演进与逻辑［D］．上海社会科学院，2020.

　　[212] 杨虎锋，何广文．商业性小额贷款公司能惠及三农和微小客户吗？［J］．财贸研究，2012（01）：41-48.

　　[213] 杨虎锋，何广文．治理机制对小额贷款公司绩效的影响——基于169家小额贷款公司的实证风险［J］．中国农村经济，2014（06）：74-82.

　　[214] 杨静，宋笑敏，朝着共同富裕目标扎实迈进［N］．光明日报，2021-09-01（06）.

　　[215] 杨军，高鸿斋．国内外农村金融抑制及其缓解路径［J］．经济社会体制比较，2015，178（02）：88-96.

　　[216] 杨穗，赵小漫．走向共同富裕：中国社会保障再分配的实践、成效与启示［J］．管理世界，2022，38（11）：43-56.

［217］杨望，徐慧琳，谭小芬等．金融科技与商业银行效率——基于 DEA-Malmquist 模型的实证研究［J］．国际金融研究，2020（07）：56-65.

［218］杨雯．中国农村金融发展与农民收入增长因果关系研究［J］．财会研究，2007（11）：73-76.

［219］姚登宝，王晓曼，姚玉悦．绿色金融发展对中国宏观经济韧性的影响研究［J］．山东财经大学学报，2023，35（01）：13-26.

［220］姚耀军．中国农村金融发展与经济增长关系的实证分析［J］．经济科学，2004（05）：24-31.

［221］姚耀军，彭璐．地方政府干预银行业：内在逻辑与经验证据［J］．金融评论，2013，5（04）：68-78+125.

［222］姚耀军，施丹燕．互联网金融区域差异化发展的逻辑与检验——路径依赖与政府干预视角［J］．金融研究，2017（05）：127-142.

［223］叶志强，陈习定，张顺明．金融发展能减少城乡收入差距吗？——来自中国的证据［J］．金融研究，2011（02）：42-56.

［224］殷本杰．金融约束：新农村建设的金融制度安排［J］．中国农村经济，2006（06）：38-42.

［225］殷贺，江红莉，张财经，蒋鹏程．数字普惠金融如何响应城乡收入差距？——基于空间溢出视角的实证检验［J］．金融监管研究，2020（09）：33-49.

［226］游江，范梁．农村金融竞争程度与农村金融机构的发展——基于县域金融调查样本［J］．财经科学，2010（04）：17-24.

［227］于杨晨，何虹瑾．绿色金融、创业风险投资与经济高质量发展——基于 SBM-Malmquist-Tobit 模型分析［J］．甘肃金融，2022，536（11）：38-47.

［228］余新平，熊皛白，熊德平．中国农村金融发展与农民收入增长［J］．中国农村经济，2010（06）：77-86+96.

［229］郁建兴，任杰．共同富裕的理论内涵与政策议程［J］．政治学研究，2021，158（03）：13-25+159-160.

［230］袁鲲，曾德涛．数字金融发展与区际银行竞争——基于我国地级以上城市的实证检验［J］．金融监管研究，2021（03）：64-79.

[231] 曾康霖，蒙宇，刘锡. 论县域金融制度变迁与创新——对一组经济欠发达地区县域金融制度安排的剖析 [J]. 金融研究，2003（01）：82-89.

[232] 张海霞，杨浩，庄天慧. 共同富裕进程中的农村相对贫困治理 [J]. 改革，2022（10）：78-90.

[233] 张杰，谢晓雪. 政府的市场增进功能与金融发展的"中国模式" [J]. 金融研究，2008（11）：171-180.

[234] 张岳，周应恒. 数字普惠金融、传统金融竞争与农村产业融合 [J]. 农业技术经济，2021（09）：68-82.

[235] 张兵，翁辰. 农村金融发展的减贫效应——空间溢出和门槛特征 [J]. 农业技术经济，2015，（09）：37-47.

[236] 张大永，张志伟. 竞争与效率——基于我国区域性商业银行的实证研究 [J]. 金融研究，2019（04）：111-129.

[237] 张国建，佟孟华，李慧，陈飞. 扶贫改革试验区的经济增长效应及政策有效性评估 [J]. 中国工业经济，2019（08）：136-154.

[238] 张红宇. 中国农村金融组织体系：绩效、缺陷与制度创新 [J]. 中国农村观察，2004（02）：2-11+80.

[239] 张晖. 县域数字金融发展评价体系和普惠特征研究——兼论与传统普惠金融发展的关系 [J]. 农业经济问题，2020（11）：120-130.

[240] 张杰，尚长风. 我国农村金融结构与制度的二元分离与融合：经济发展视角的一个解释 [J]. 商业经济与管理，2006（05）：60-65.

[241] 张璟，刘晓辉. 政府干预、关系型贷款与干预陷阱 [J]. 世界经济，2006（09）：58-66+96.

[242] 张军. 地方政府行为与金融资源配置效率 [J]. 经济问题，2016（12）：37-41.

[243] 张军，季虹. 农村金融与乡镇企业民营化：一个文献综述 [J]. 改革，2003（04）：93-98.

[244] 张乐柱，刘棋. 农村金融发展与城乡收入差距实证研究——基于广东省1978~2008年数据 [J]. 农业经济与管理，2011（03）：54-61.

[245] 张龙耀，袁振. 金融科技对县域银行业市场结构的影响研究 [J]. 华

中农业大学学报（社会科学版），2022（06）：10-21.

［246］张琦，唐红涛．农户集合融资优势的实证检验［J］．统计与决策，2013（01）：44-47.

［247］张启鹏．金融支持贫困县域经济发展的思考［J］．时代金融，2013（20）：226-228.

［248］张启文，刘佩瑶．政府干预对金融机构与家庭农场信贷供需博弈影响分析［J］．农业经济与管理，2020（02）：67-73.

［249］张启正，袁菱苒，胡沛楠，龚斌磊．革命老区振兴规划对农业增长的影响及其作用机理［J］．中国农村经济，2022（07）：38-58.

［250］张前程，龚刚．政府干预、金融深化与行业投资配置效率［J］．经济学家，2016（02）：60-68.

［251］张天，刘自强．数字普惠金融发展的县域差异及其影响因素研究［J］．武汉金融，2021（07）：27-34+61.

［252］张维迎．博弈论与信息经济学［M］．上海：上海人民出版社，2000.

［253］张新月，师博，甄俊杰．高质量发展中数字普惠金融促进共同富裕的机制研究［J］．财经论丛，2022（09）：47-58.

［254］张正平，江千舟．互联网金融发展、市场竞争与农村金融机构绩效［J］．农业经济问题，2018（02）：50-59.

［255］张正平，刘云华．数字金融发展对农村商业银行运营效率的影响——基于2014～2018年非平衡面板数据的实证研究［J］．农业技术经济，2022（04）：67-81.

［256］张正平，杨丹丹．市场竞争、新型农村金融机构扩张与普惠金融发展——基于省级面板数据的检验与比较［J］．中国农村经济，2017（01）：30-43+94.

［257］张治栋，廖常文．全要素生产率与经济高质量发展——基于政府干预视角［J］．软科学，2019，33（12）：29-35.

［258］赵洪丹，朱显平．农村金融、财政支农与农村经济发展［J］．当代经济科学，2015，37（05）：96-108+127-128.

［259］赵科乐，谭正．吉林省农村信贷资金投放的现状及问题研究［J］．长

春金融高等专科学校学报，2020（05）：58-62.

[260] 赵万里，高芙蓉. 乡村振兴战略中的信息化建设及其需求侧转向[J]. 江苏行政学院学报，2019，104（02）：79-85.

[261] 赵相东. 小世界网络理论对农村金融效率的研究启示[J]. 农村金融研究，2017（04）：74-76.

[262] 钟腾，汪昌云. 金融发展与企业创新产出——基于不同融资模式对比视角[J]. 金融研究，2017（12）：127-142.

[263] 周春喜. 县域金融的制度缺陷及政策建议[J]. 商业经济与管理，2007（03）：47-51.

[264] 周黎安. 中国地方官员的晋升锦标赛模式研究[J]. 经济研究，2007，471（07）：36-50.

[265] 周顺兴. 银行业竞争、客户筛选与村镇银行二元绩效：传导机制与实证研究[J]. 经济理论与经济管理，2016，304（04）：34-44.

[266] 周顺兴，林乐芬. 银行业竞争提升了金融服务普惠性吗？——来自江苏省村镇银行的证据[J]. 产业经济研究，2015（06）：11-20.

[267] 周腰华，王振华，张广胜. 中国县域经济增长的影响因素及其空间溢出效应分析[J]. 云南财经大学学报，2017，33（01）：35-47.

[268] 朱守银，张照新，张海阳，汪承先. 中国农村金融市场供给和需求——以传统农区为例[J]. 管理世界，2003（03）：88-95.

[269] 朱一鸣，王伟. 普惠金融如何实现精准扶贫？[J]. 财经研究，2017，43（10）：43-54.

[270] 朱应皋，吴美华. 论政府与市场关系模式重构[J]. 南京财经大学学报，2007，143（01）：12-14+27.

[271] 邹克，倪青山. 普惠金融促进共同富裕：理论、测度与实证[J]. 金融经济学研究，2021，36（05）：48-62.

[272] 邹伟，凌江怀. 政府干预、地方金融发展与经济增长[J]. 当代财经，2018（04）：14-24.